POEMAS ESCOLHIDOS

Gabriela Mistral
POEMAS ESCOLHIDOS
e traduzidos por
Henriqueta Lisboa
edição bilíngue

© 2022 tradução Henriqueta Lisboa by André de Oliveira Carvalho

© 2022 poemas Gabriela Mistral by Orden Franciscana do Chile
Dirección de Comunicaciones Corporativas Hogar de Cristo

Editora
Renata Farhat Borges

Ilustrações
Paloma Valdívia

Fotos
Acervo de Escritores Mineiros (UFMG)

Assistente editorial
Izabel Mohor

Editoração eletrônica
Fernanda Moraes

Revisão
Mineo Takatama

Editado conforme o Acordo Ortográfico da Língua Portuguesa de 2009.

Dados Internacionais de Catalogação na Publicação (CIP)
de acordo com ISBD

M678p   Mistral, Gabriela
          Poemas escolhidos / Gabriela Mistral ; traduzido Henriqueta
          Lisboa. - São Paulo : Peirópolis, 2022.
          232 p. ; 13,5cm x 27cm.

          ISBN: 978-65-5931-128-6

          1. Literatura chilena. 2. Poesia. I. Lisboa, Henriqueta. II. Título.

                                              CDD 868.9933
2021-2450   CDU 821.134.2(83)-1

Elaborado por Odilio Hilario Moreira Junior - CRB-8/9949

Índice para catálogo sistemático:

1. Literatura chilena : Poesia 868.9933
2. Literatura chilena : Poesia 821.134.2(83)-1

Disponível em ebook no formato ePub (ISBN: 978-65-5931-127-9)

1ª edição, 2022

Editora Peirópolis Ltda.
Rua Girassol, 310f – Vila Madalena – São Paulo/SP
05433-000 São Paulo/SP
Tel.: (11) 3816-0699
www.editorapeiropolis.com.br
vendas@editorapeiropolis.com.br

Sumário

Prefácio de Reinaldo Marques, *6*

Canções, *13*

Poemas de amor, *77*

Poemas diversos, *109*

Poemas em prosa, *199*

Depoimento da tradutora, *216*

Índice de poemas, *226*

Biografias, *228*

Henriqueta Lisboa e Gabriela Mistral: tradução e mediação cultural

Reinaldo Marques

A publicação da poesia e prosa de Henriqueta Lisboa pela Peirópolis, juntamente com a poesia traduzida, constitui iniciativa relevante para a compreensão e mais justa avaliação do trabalho intelectual e do papel de uma das mais importantes poetas das nossas letras. Especialmente pelo propósito de aproximar sua obra de diferentes públicos, seja particularizando alguns livros da autora com edição individualizada, seja recorrendo a diferentes formatos, tanto do livro físico quanto do digital. No caso da poesia traduzida, privilegia--se o diálogo e o convívio íntimo de Henriqueta com a poesia de suas afinidades eletivas, tal como acontece com Dante e Gabriela Mistral, por exemplo. Nesta (re)edição, apreciamos os *Poemas escolhidos* da poeta chilena, ganhadora do prêmio Nobel de literatura de 1945.

O trabalho de tradução de poesia empreendido por Henriqueta Lisboa tem dimensão de mediador cultural, a partir de sua convivência com a poesia de Gabriela, desdobrada em amizade pessoal e intelectual, e certamente é melhor compreendido se o situarmos no contexto de uma rede de escritoras latino-americanas que, na primeira metade do século XX, já procuram conformar um espaço diferencial da literatura feminina no Cone Sul. Nessa rede, além de Gabriela Mistral, cabe incluir a poeta argentina Alfonsina Storni e as uruguaias Delmira Agustini e Juana de Ibarbourou, que de alguma maneira estiveram no horizonte do diálogo intelectual promovido por Henriqueta através do trabalho de tradução, do ensaísmo crítico e do diálogo epistolar.

* * *

Em setembro de 1943, Gabriela Mistral desembarca do carro na Estação Central de Belo Horizonte. Uma comitiva de intelectuais e autoridades locais está a postos para lhe dar as boas-vindas, com Henriqueta Lisboa à frente cumprindo o papel de anfitriã. Afinal, Gabriela está atendendo ao convite que esta lhe fizera para visitar a capital mineira. Convite que antes já havia merecido o beneplácito do prefeito Juscelino Kubitschek e de seu secretário de Educação Cristiano Machado. Mais ainda, Gabriela está retribuindo a Henriqueta as visitas que esta lhe fizera no Rio de Janeiro, numa demonstração da profunda amizade que une as duas poetas. Amizade que se desdobra em cartas, viagens, traduções, convívio intelectual.

Gabriela já é uma poeta consagrada e mora no Brasil desde 1939, representando o governo de seu país como consulesa. Sua obra poética já havia se consolidado e gozava de reconhecimento internacional, com a publicação de *Desolación* (1922), *Canciones de niños* (1923), *Nubes blancas (poesias) y La oración de la maestra*

(1923), *Ternura* (1924) e *Tala* (1938). A relação pessoal e de amizade entre Henriqueta e Gabriela havia começado por volta de 1940, quando se conheceram numa sessão da Academia Carioca de Letras, no Rio de Janeiro. Henriqueta já havia publicado *Fogo-fátuo* (1925), *Enternecimento* (1929) e *Velário* (1936) e seu nome soa familiar a Gabriela, que a convida para visitá-la em sua casa no Alto da Tijuca, convite que Henriqueta não deixa de atender.

São onze dias de festa para o mundo intelectual, artístico e pedagógico de Belo Horizonte. Gabriela pronuncia duas conferências no Instituto de Educação: uma sobre o Chile e a outra sobre *O menino poeta*, livro de Henriqueta então no prelo. A educação e a infância são temas de predileção comum. Rodeada de poetas e professores, Gabriela conhece a Pampulha recém-inaugurada e aprecia suas obras de arte. A convite de Aires da Mata Machado Filho, vai ao alto do Cruzeiro, de onde pode apreciar uma maravilhosa vista da cidade, marco da modernidade em Minas.

São dias também de convívio intenso, de fortalecimento de uma relação pessoal alimentada pela poesia. As poetas trocam impressões de leituras, falam da poesia, discutem filosofia, tratam das questões da guerra, que tanto acabrunhavam a amiga chilena. Trocam livros e dicas de leitura: Henriqueta lhe fala de Valéry; Gabriela lhe recomenda Claudel. Atravessa esse diálogo a amizade comum por Mário de Andrade. Ao se despedir de Belo Horizonte, Gabriela promete voltar. O que não acontece. Mas intensificam-se as cartas trocadas, as de Gabriela preservadas por Henriqueta em seu arquivo de correspondências, hoje no Acervo de Escritores Mineiros da UFMG.

Nesse episódio da visita de Gabriela Mistral a Belo Horizonte desponta a atuação mediadora de Henriqueta Lisboa, colocando em contato a intelectualidade mineira da época com uma escritora de renome internacional, propiciando um diálogo cultural para além das fronteiras nacionais, integrando Chile e Brasil, Brasil e o mundo. Como intelectuais e agentes da transculturação no âmbito da modernidade, tanto Henriqueta quanto Gabriela experimentam o complexo processo das trocas interculturais.

A experiência de deslocamentos espaciais – tanto reais quanto imaginários – está presente na vida de Henriqueta. Filha de classe média, ela nasce em 1901 na cidade de Lambari, sul de Minas, onde faz seu curso primário; já o curso normal, ela o fará no Colégio Sion, de Campanha, como aluna interna. Nesse colégio, pertencente a uma congregação de freiras francesas, estudará os clássicos da língua portuguesa e francesa. Em 1924 muda-se com a família para o Rio de Janeiro, onde o pai, João Lisboa, exercerá o cargo de deputado federal. Mais tarde, em 1935, desloca-se para Belo Horizonte, dado que o pai fora eleito membro da Constituinte Mineira. Nesse mesmo ano Henriqueta é nomeada inspetora federal de ensino secundário.

Essa mobilidade espacial desdobrar-se-á também na mobilidade linguística, culminando num fecundo trabalho de tradução, que testemunha a presença em Henriqueta de uma profunda atenção ao outro, à alteridade. Trata-se de uma forma de deslocamento ainda, cujos sinais podem ser percebidos na infância da poeta de *Pousada do ser*. Revelador disso é o seu depoimento "O meu Dante", em que relata seu primeiro encontro com Dante na meninice, aproximando-a da numerosa colônia de imigrantes italianos existente em Lambari. Assim, se no internato das freiras francesas de Campanha reinavam Racine e Corneille, em Lambari, pela mediação das vozes dos migrantes, Henriqueta acede ao universo de Dante, encantada com a força do ritmo e o poder escultural de suas imagens, enamorando-se do "Purgatório", considerado por ela o clímax de *A divina comédia*.

O ambiente familiar com a biblioteca do pai, o colégio, as vozes dos migrantes, o estudo e conhecimento de outras línguas, a leitura dos clássicos franceses e italianos, as viagens e mudanças – todos esses elementos recortados da biografia de Henriqueta Lisboa, tratados aqui como biografemas, indiciam possibilidades de seu papel de mediador cultural. E preparam o seu trabalho como tradutora. Por meio deste, ela articulará um diálogo intercultural em que as diferenças linguísticas e literárias se entrecruzam, se chocam e convivem, demonstrando plasticidade social, capacidade de lidar com diferentes códigos, experimentar diferentes papéis sociais, atravessar e flexibilizar fronteiras, pré-requisitos importantes para se exercer a função de mediador.

Por meio do trabalho da tradução, que implica rasurar fronteiras linguísticas e literárias, integrando diferentes mundos históricos, sociais e culturais, o tradutor opera, desse modo, como alguém permanentemente em trânsito, situando-se nas margens das línguas e das culturas. Coloca-as em diálogo, a que não faltam tensões e estranhezas, descontinuidades e desajustes.

Penso que Henriqueta Lisboa vivenciou de forma lúcida e agônica seu papel de mediador cultural como tradutora de poesia. Um trabalho que envolvia a leitura, o estudo, a vivência do mundo e da técnica dos autores a serem traduzidos, conforme demonstram, quer os ensaios que escreveu sobre alguns deles, quer o diálogo epistolar, como no caso de Gabriela Mistral. Como leitora, Henriqueta Lisboa frequentou de modo mais assíduo a poesia de língua espanhola e a italiana, tendo traduzido particularmente Dante e Gabriela Mistral. Desta, traduziu um total de sessenta e um poemas e sete textos em forma de prosa poética, que constituíram a antologia *Poesias escolhidas de Gabriela Mistral* (Editora Delta, 1969), organizada pela própria Henriqueta Lisboa.

Em seu ofício de tradutora, Henriqueta Lisboa lia muito, infatigavelmente, entregue a uma faina própria do intelectual latino-americano, e, borgianamente, operava recortes na tradição literária, no cânone, instituindo seus precursores. Elegia, assim, os poetas e textos de sua predileção e que seriam objeto de tradução. As escolhas dos poetas a serem traduzidos, em Henriqueta, supõem diversas afinidades. Em Dante, admira o poeta do mundo interior, sua permanência e modernidade; em Gabriela Mistral, as ligações entre poesia e magistério; em ambos, os laços entre religião e poesia.

Como leitora atenta e sagaz dos poetas traduzidos, Henriqueta mergulha amorosamente em seu mundo e técnica; vivencia intimamente cada poema, cada texto, mergulho e vivência que a impelem muitas vezes à escrita de ensaios críticos contendo inúmeras observações sobre o estilo dos autores e o trabalho com a linguagem, sobre suas predileções temáticas e concepções de poesia. E até mesmo a buscar o diálogo epistolar, quando possível. No ensaio "Gabriela Mistral", presente em *Convívio poético*, Henriqueta aponta o seu paradigma – Santa Teresa – e destaca, na sua obra poética, o poder de síntese, a firmeza de pensamento e a emoção sublimada. Recorta ainda dois símbolos bastante sugestivos e representativos de sua poesia: a pedra e a fruta. A primeira, dotada de peso e densidade, de resistência e duração, e a segunda, tomada em seu aspecto adstringente, amargo; ambas simbolizando o Chile e a América Latina para o mundo, como espaços de resistência e acolhimento.

Vê-se, assim, que Henriqueta, em seu ofício de tradutora, transitou por diversas línguas, literaturas e culturas, desempenhando o papel de mediador cultural, trabalho por meio do qual procurava salvar para a língua portuguesa a poesia de autores clássicos, modernos e contemporâneos, garantindo-lhes uma "sobrevida" – para se usar um conceito benjaminiano, próprio de sua concepção da tradução como salvação –, capaz de atrair para eles a fama e a glória. Mas, ao transpor para a língua e literatura brasileira elementos da língua e cultura dos poetas traduzidos, Henriqueta também inscrevia nestas últimas as marcas da nossa língua e cultura, na medida em que não abria mão de sua personalidade artística, não anulava os aspectos criativos na tradução de textos poéticos. Dessa maneira, ela tensionava os limites das línguas, experimentando a sua estranheza, ao mesmo tempo que mobilizava e desestabilizava as identidades literárias nacionais. Isso porque, se procura resgatar, de um lado, as marcas identitárias das línguas e literaturas dos poetas que traduzia, de outro, nelas injetava elementos da alteridade, da ordem das diferenças linguísticas e culturais, alterando-as, tornando-as estranhas a si mesmas, de modo a problematizar o caráter muitas vezes estático e essencialista das identidades linguísticas e literárias, circunscritas às fronteiras geográficas de um estado nacional.

A plasticidade linguística, a mobilidade artística e cultural, como a denunciar a natureza esquemática e artificial das barreiras sociais e culturais, parecem garantir o êxito do papel mediador de Henriqueta Lisboa nos contatos e trocas interculturais, especialmente no seu trabalho de tradutora. Trabalho que, não raro, se transforma num intrincado processo de desnaturalização das fronteiras linguísticas e literárias e num convite à comunhão das línguas e literaturas num patamar superior. Aqui, pode-se surpreender um traço de contemporaneidade do trabalho intelectual de Henriqueta. Em meados do século passado, com sua atividade tradutória e à sua maneira, Henriqueta já contribuía para a integração das literaturas do Cone Sul, por meio da criação de uma rede de amizades e afinidades literárias, reais ou imaginárias, como demonstram o seu apreço pela poesia de Dante e sua relação de amizade com Gabriela Mistral.

O estudo do papel de mediador cultural desempenhado por Henriqueta Lisboa, sobretudo como tradutora de poesia, constitui um espaço importante para se pensar a questão das mediações enquanto lugares de produção dos valores estéticos e culturais. Pela atividade da tradução, em diálogo com intelectuais e poetas, Henriqueta procurou afirmar formas mais estáveis de valores literários e artísticos. No mundo contemporâneo, marcado por uma crise do valor em si e a dificuldade de afirmação de valores universais, observa-se uma oscilação entre formas absolutas de valor e o relativismo, que beira a indiferença. Nesse movimento pendular entre a fixidez e o jogo, mais que o valor, cabe examinar principalmente os processos de valoração, as condições de sua própria produtividade. Refletir sobre a função mediadora da atividade tradutória de Henriqueta pode nos ajudar a pensar as novas cartografias do poder cultural na atualidade.

Reinaldo Marques é professor da Faculdade de Letras da UFMG e coorganizador de *Henriqueta Lisboa - Obra completa* (Peirópolis, 2020).

Canções

HALLAZGO

Me encontré este niño
cuando al campo iba:
dormido lo he hallado
en unas espigas...

O tal vez ha sido
cruzando la viña:
buscando los pámpanos
topé su mejilla...

Y por eso temo,
al quedar dormida,
se evapore como
la helada en las viñas...

ACHADO

Encontrei este anjo
num passeio ao campo:
dormia tranquilo
sobre umas espigas.

Talvez tenha sido
cruzando o vinhedo:
ao bulir nas ramas
toquei suas faces.

Por isso receio
ao estar dormida
se evapore como
a geada nas vinhas.

MECIENDO

El mar sus millares de olas
mece, divino.
Oyendo a los mares amantes,
mezo a mi niño.

El viento errabundo en la noche
mece los trigos.
Oyendo a los vientos amantes,
mezo a mi niño.

Dios padre sus miles de mundos
mece sin ruido.
Sintiendo su mano en la sombra
mezo a mi niño.

EMBALANDO

Balança o mar suas ondas
de praia em praia.
Ouvindo os mares amantes
meu filho embalo.

Balança o vento na noite
longe, os trigais.
Ouvindo os ventos amantes
meu filho embalo.

Balança Deus em silêncio
os seus mundos, aos milhares.
Sentindo-lhe a mão na sombra
meu filho embalo.

ROCÍO

Esta era una rosa
que abaja el rocío:
éste era mi pecho
con el hijo mío.

Junta sus hojitas
para sostenerlo
y esquiva los vientos
por no desprenderlo.

Porque él ha bajado
desde el cielo inmenso
será que ella tiene
su aliento suspenso.

De dicha se queda
callada, callada:
no hay rosa entre rosas
tan maravillada.

Esta era una rosa
que abaja el rocío:
éste era mi pecho
con el hijo mío.

ORVALHO

Esta era uma rosa
de orvalho repleta:
assim também sou
com meu filho ao peito.

Junta suas folhas
para sustentá-lo.
Esquiva-se à brisa
para resguardá-lo.

Pois que ele baixou
lá do céu imenso
ela conservou
o hálito suspenso.

De ventura queda
calada, calada.
Rosa não existe
tão maravilhada.

Esta era uma rosa
de orvalho repleta:
assim também sou
com meu filho ao peito.

APEGADO A MÍ

Velloncito de mi carne,
que en mi entraña yo tejí,
velloncito friolento,
¡duérmete apegado a mí!

La perdiz duerme en el trébol
escuchándole latir:
no te turben mis alientos,
¡duérmete apegado a mí!

Hierbecita temblorosa
asombrada de vivir,
no te sueltes de mi pecho:
¡duérmete apegado a mí!

Yo que todo lo he perdido
ahora tiemblo de dormir.
No resbales de mi brazo:
¡duérmete apegado a mí!

JUNTO DE MIM

Novelinho de carne
que na entranha teci,
novelinho friorento,
dorme junto de mim!

Dorme a perdiz no trevo
sentindo-lhe o respiro:
meu sopro não receies,
dorme junto de mim!

Folhinha de erva trêmula
assombrada da vida,
não te vás do meu peito,
dorme junto de mim!

Eu que tudo perdi,
tremo agora dormindo:
não caias do meu braço,
dorme junto de mim!

LA NOCHE

Por que duermas, hijo mío,
el ocaso no arde más:
no hay más brillo que el rocío,
más blancura que mi faz.

Por que duermas, hijo mío,
el camino enmudeció:
nadie gime sino el río;
nada existe sino yo.

Se anegó de niebla el llano.
Se encogió el suspiro azul.
Se ha posado como mano
sobre el mundo la quietud.

Yo no sólo fui meciendo
a mi niño en mi cantar:
a la Tierra iba durmiendo
al vaivén del acunar...

A NOITE

Para que durmas, meu filho,
não há mais luz: é sol posto.
Não há mais brilho que o orvalho,
mais brancura que meu rosto.

Para que durmas, meu filho,
o caminho emudeceu.
Soluça apenas o rio,
nada existe senão eu.

Desfez-se a planície em névoa,
tolheu-se o suspiro azul.
Pousou como dedos leves
por sobre o mundo, a quietude.

Não embalei tão somente
ao meu filho com o meu canto:
ia a terra adormecendo
ao vaivém desse acalanto.

CORDERITO

Corderito mío,
suavidad callada:
mi pecho es tu gruta
de musgo afelpada.

Carnecita blanca,
tajada de luna:
lo he olvidado todo
por hacerme cuna.

Me olvidé del mundo
y de mí no siento
más que el pecho vivo
con que te sustento.

Yo sé de mí sólo
que en mí te recuestas.
Tu fiesta, hijo mío,
apagó las fiestas.

CORDEIRINHO

Cordeirinho meu,
calada doçura.
Meu peito é uma gruta
de musgo e de felpo.

Carnezinha branca,
fatia de lua.
Tudo olvido para
ser morada tua.

O mundo, que vale?
De mim não percebo
mais que o colo farto
com que te sustento.

De mim sei apenas
que em mim te reclinas.
Tua festa, filho,
toda festa exprime.

YO NO TENGO SOLEDAD

Es la noche desamparo
de las sierras hasta el mar.
Pero yo, la que te mece,
¡yo no tengo soledad!

Es el cielo desamparo
si la luna cae al mar.
Pero yo, la que te estrecha,
¡yo no tengo soledad!

Es el mundo desamparo
y la carne triste va.
Pero yo, la que te oprime,
¡yo no tengo soledad!

EU NÃO SINTO A SOLIDÃO

É a noite desamparo
das montanhas ao oceano.
Porém eu, a que te embala,
eu não sinto a solidão.

É todo o céu desamparo,
mergulha a lua nas ondas.
Porém eu, a que te embala,
eu não sinto a solidão.

É o mundo desamparo,
triste a carne em abandono.
Porém eu, a que te embala,
eu não sinto a solidão.

CANCIÓN AMARGA

¡Ay! ¡Juguemos, hijo mío,
a la reina con el rey!

Este verde campo es tuyo.
¿De quién más podría ser?
Las oleadas de alfafas
para ti se han de mecer.

Este valle es todo tuyo.
¿De quién más podría ser?
Para que los disfrutemos
los pomares se hacen miel.

(¡Ay! ¡No es cierto que tiritas
como el Niño de Belén
y que el seno de tu madre
se secó de padecer!)

El cordero está espesando
el vellón que he de tejer,
y son tuyas las majadas.
¿De quién más podrían ser?

Y la leche del establo
que en la ubre ha de correr,
y el manojo de las mieses,
¿de quién más podrían ser?

(¡Ay! ¡No es cierto que tiritas
como el Niño de Belén
y que el seno de tu madre
se secó de padecer!)

¡Sí! ¡Juguemos, hijo mío,
a la reina con el rey!

CANÇÃO AMARGA

Ai! Brinquemos, filho meu:
sou a rainha, és o rei.

É teu esse verde campo.
De quem mais podia ser?
Por ti as ondas da alfafa
ao vento hão de estremecer.

É todo teu esse vale.
De quem mais podia ser?
Para que nos deliciemos
o pomar será de mel.

(Não é certo que tiritas
como o infante de Belém,
que o seio de tua mãe
secou de tanto sofrer.)

O cordeiro torna espessa
a lã que eu hei de tecer.
São teus também os apriscos.
De quem mais podiam ser?

E todo o leite do estábulo
que das fontes vai correr,
e o regalo das colheitas,
de quem mais podiam ser?

(Não é certo que tiritas
como o infante de Belém
que o seio de tua mãe
secou de tanto sofrer.)

Sim! Brinquemos, filho meu:
sou a rainha, és o rei.

CON TAL QUE DUERMAS

La rosa colorada
cogida ayer;
el fuego y la canela
que llaman clavel;

el pan horneado
de anís con miel,
y el pez de la redoma
que la hace arder:

todito tuyo
hijito de mujer,
con tal que quieras
dormirte una vez.

La rosa, digo:
digo el clavel.
La fruta, digo,
y digo que la miel;

y el pez de luces
y más y más también,
¡con tal que duermas
hasta el amanecer!

CONTANTO QUE DURMAS

A rosa vermelha
colhida à tarde;
o fogo e a canela
a que chamam cravo;

o pão de forno
de anis com mel;
o peixe dentro
do aquário a arder;

ai! terás tudo,
filhinho meu,
contanto que durmas
de uma vez.

A rosa, digo,
o cravo também;
a fruta, digo
e digo o mel;

o peixe de luzes,
tudo quanto sonhes,
contanto que durmas
até de manhã.

NIÑO CHIQUITO
A Fernanda de Castro

Absurdo de la noche,
burlador mío,
si-es no-es de este mundo,
niño dormido.

Aliento angosto y ancho
que oigo y no miro,
almeja de la noche
que llamo hijo.

Filo de lindo vuelo,
filo de silbo,
filo de larga estrella,
niño dormido.

A cada hora que duermes,
más ligerito.
Pasada medianoche,
ya apenas niño.

Espesa losa, vigas
pesadas, lino
áspero, canto duro,
sobre mi hijo.

Aire insensato, estrellas
hirvientes, río
terco, porfiado búho,
sobre mi hijo.

En la noche tan grande,
tan poco niño,
tan poca prueba y seña,
tan poco signo.

MENINOZINHO

Absurdo da noite
burlador meu,
és e não és deste mundo,
menino dormido.

Amplo alento fino
que ouço e não vejo,
molusco da noite
a que chamo filho.

Fio de lindo voo,
fio de assovio,
fio de longínqua estrela,
menino dormido.

A cada hora que dormes
mais levezinho.
Passada meia-noite,
desvanecido.

Espessa lousa, vigas
pesadas, linho
áspero, canto duro
sobre meu filho.

Ar insensato, estrelas
férvidas, rio
tenaz, porfiada coruja
sobre meu filho.

Na noite tão grande,
tão pouco menino,
tão pouca prova e senha,
tão pouco signo.

Vergüenza tánta noche
y tánto río,
y "tánta madre tuya",
niño dormido...

Achicarse la Tierra
con sus caminos,
aguzarse la esfera
tocando un niño

¡Mudársete la noche
en lo divino,
yo en urna de tu sueño,
hijo dormido!

Vergonha tanta noite
e tanto rio
e mãe tamanha,
menino dormido.

Diminuir-se a terra
com seus caminhos,
aguçar-se a esfera
palpando menino.

Mudar-se esta noite
no divino;
e eu, em urna de teu sono,
filho dormido!

DORMIDA

Meciendo, mi carne,
meciendo a mi hijo,
voy moliendo el mundo
con mis pulsos vivos.

El mundo, de brazos
de mujer molido,
se me va volviendo
vaho blanquecino.

El bulto del mundo,
por vigas y vidrios,
entra hasta mi cuarto,
cubre madre y niño.

Son todos los cerros
y todos los ríos,
todo lo creado,
todo lo nacido...

Yo mezo, yo mezo
y veo perdido
cuerpo que me dieron,
lleno de sentidos.

Ahora no veo
ni cuna ni niño,
y el mundo me tengo
por desvanecido...

¡Grito a Quien me ha dado
el mundo y el hijo,
y despierto entonces
de mi propio grito!

ADORMECIDA

Embalando minhas
entranhas, meu filho,
vou moendo o mundo
com meus pulsos vivos.

O mundo moído
por meus pobres braços
vai-se me tornando
branca névoa fina.

O vulto do mundo
por vigas e vidros
entra até meu quarto,
cobre mãe e filho.

São todos os cerros
e todos os rios,
tudo o que foi criado,
tudo o que há nascido.

Eu embalo, embalo,
e vejo perdido
corpo que me deram
cheio de sentidos.

Agora não vejo
nem berço nem filho
e o mundo já tenho
por desvanecido.

Grito a quem me deu
este mundo e o filho
e desperto então
do meu próprio grito.

QUE NO CREZCA

Que el niño mío
así se me queda.
No mamó mi leche
para que creciera.
Un niño no es el roble,
y no es la ceiba.
Los álamos, los pastos,
los otros, crezcan:
en malvavisco
mi niño se queda.

Ya no le falta nada:
risa, maña, cejas,
aire y donaire.
Sobra que crezca.

Si crece, lo ven todos
y le hacen señas.
O me lo envalentonan
mujeres necias
o tantos mocetones
que a casa llegan;
¡que mi niño no mire
monstruos de leguas!

Los cinco veranos
que tiene tenga.
Así como está
baila y galanea.
En talla de una vara
caben sus fiestas,
todas sus Pascuas
y Noches-Buenas.

QUE NÃO CRESÇA

Assim fique
meu filho.
Não o amamentei
para vê-lo crescer.
Um menino não é roble
nem paineira.
Os álamos, os pastos,
os outros, cresçam.
Qual malvaísco
meu filho fique.

Nada mais lhe falta:
riso, manha, teima,
graça, donaire.
O crescimento
virá de sobra.

Se crescer será visto,
acenos perceberá.
Dar-lhe-ão valentia
mulheres néscias
ou os mocetões
de visita.
Não contemple meu filho
monstros de léguas.

Os cinco verões
que tem, tenha.
Assim como está
baila e galanteia.
No tamanho de uma vara
suas festas cabem:
Ano-Bom e Páscoa.

Mujeres locas
no griten y sepan:
nacen y no crecen
el Sol y las piedras,
nunca maduran
y quedan eternas.
En la majada
cabritos y ovejas,
maduran y se mueren:
¡malhayan ellas!

¡Dios mío, páralo!
¡Que ya no crezca!
Páralo y sálvalo:
¡mi hijo no se me muera!

Mulheres loucas,
não gritem e saibam:
nascem e não crescem
o sol e as pedras,
nunca maduram,
e eternos quedam.
Nas manadas,
cabritos e ovelhas
maduram e morrem
— os malfadados!

Deus meu, não deixes
que meu filho cresça!
Para-o, salva-o,
para não morrer!

MIEDO

Yo no quiero que a mi niña
golondrina me la vuelvan;
se hunde volando en el cielo
y no baja hasta mi estera;
en el alero hace nido
y mis manos no la peinan.
Yo no quiero que a mi niña
golondrina me la vuelvan.

Yo no quiero que a mi niña
la vayan a hacer princesa.
Con zapatitos de oro
¿cómo juega en las praderas?
Y cuando llegue la noche
a mi lado no se acuesta...
Yo no quiero que a mi niña
la vayan a hacer princesa.

Y menos quiero que un día
me la vayan a hacer reina.
La pondrían en un trono
a donde mis pies no llegan.
Cuando viniese la noche
yo no podría mecerla...
¡Yo no quiero que a mi niña
me la vayan a hacer reina!

MEDO

Não quero que minha filha
se transforme em andorinha.
Para o céu iria voando
sem baixar à minha esteira.
Nos beirais faria ninho
sem a pentearem meus dedos.
Não quero que minha filha
se transforme em andorinha.

Não quero que minha filha
se mude numa princesa.
Calçando sandálias de ouro
não brincaria no prado.
E quando a noite descesse
não dormiria a meu lado.
Não quero que minha filha
se mude numa princesa.

E menos quero que um dia
ela venha a ser rainha.
Sentá-la-iam num trono
a que meus pés não alcançam.
E quando a noite chegasse,
niná-la eu não poderia.
Não quero que minha filha
venha um dia a ser rainha.

PIECECITOS

A doña Isaura Dinator

Piececitos de niño,
azulosos de frío,
¡cómo os ven y no os cubren,
Dios mío!

¡Piececitos heridos
por los guijarros todos,
ultrajados de nieves
y lodos!

El hombre ciego ignora
que por donde pasáis,
una flor de luz viva
dejáis;

que allí donde ponéis
la plantita sangrante,
el nardo nace más
fragante.

Sed, puesto que marcháis
por los caminos rectos,
heroicos como sois
perfectos.

Piececitos de niño,
dos joyitas sufrientes,
¡cómo pasan sin veros
las gentes!

PEZINHOS

Pezinhos de criança
de frio azulados.
Deixar-vos descalços,
Deus meu!

Pezinhos feridos
pelos seixos todos,
ultrajados de neves
e lodos!

O homem cego ignora
que por onde passais,
uma flor de luz viva
deixais.

Que ali onde pondes
a plantinha em sangue,
o nardo nasce mais
fragrante.

Sede, pois que marchais
pelos caminhos retos,
heroicos como sois
perfeitos.

Pezinhos de criança,
pobres joias puras.
Como passam sem ver-vos,
as criaturas!

LA MARGARITA

A Marta Samatán

El cielo de diciembre es puro
y la fuente mana, divina,
y la hierba llamó temblando
a hacer la ronda en la colina.

Las madres miran desde el valle,
y sobre la alta hierba fina
ven una inmensa margarita,
que es nuestra ronda en la colina.

Ven una loca margarita
que se levanta y que se inclina,
que se desata y que se anuda,
y que es la ronda en la colina.

En este día abrió una rosa
y perfumó la clavelina,
nació en el valle un corderillo
e hicimos ronda en la colina...

A MARGARIDA

O céu de dezembro é puro,
há um manancial divino;
e a relva trêmula chama
a fazer roda na colina.

As mães contemplam do vale
e sobre a alta relva fina
veem uma imensa margarida
que é nossa roda na colina.

Veem uma louca margarida
que se levanta e se inclina,
que se desata e se enovela,
e é nossa roda na colina.

Hoje despontou uma rosa
e deu perfume a cravina;
nasceu no vale um cordeiro,
fizemos roda na colina.

NIÑO MEXICANO

Estoy en donde no estoy,
en el Anáhuac plateado,
y en su luz como no hay otra
peino un niño de mis manos.

En mis rodillas parece
flecha caída del arco,
y como flecha lo afilo
meciéndolo y canturreando.

En luz tan vieja y tan niña
siempre me parece hallazgo,
y lo mudo y lo volteo
con el refrán que le canto.

Me miran con vida eterna
sus ojos negri-azulados,
y como en costumbre eterna,
yo lo peino de mis manos.

Resinas de pino-ocote
van de su nuca a sus brazos,
y es pesado y es ligero
de ser la flecha sin arco...

Lo alimento con un ritmo,
y él me nutre de algún bálsamo
que es el bálsamo del maya
del que a mí me despojaron.

Yo juego con sus cabellos
y los abro y los repaso,
y en sus cabellos recobro
a los mayas dispersados.

MENINO MEXICANO

Estou onde não estou
no Anáhuac peregrino;
e em sua luz cor de prata
eis-me penteando um menino.

Sobre os meus joelhos parece
flecha caída de um arco;
e como flecha o adelgaço
ninando e cantarolando.

Em luz tão velha e tão nova
surpreendo-me de encontrá-lo:
eu o modelo e transformo
com o estribilho do embalo.

Miram-me com vida eterna
seus olhos negro-azulados;
e como em eterno hábito
com minhas mãos o penteio.

Resinas de pinheiral
descem-lhe da nuca aos braços;
de pesado faz-se leve
por ser a flecha sem arco.

Alimento-o com meu ritmo,
ele me nutre de um bálsamo
que é o bálsamo do Maia
de que a mim me despojaram.

Eu brinco com seus cabelos,
abro-os e recomponho-os;
e em seus cabelos reencontro
nossos Maias dispersados.

TRADUÇÃO * HENRIQUETA LISBOA

Hace dos años dejé
a mi niño mexicano;
pero despierta o dormida
yo lo peino de mis manos...

¡Es una maternidad
que no me cansa el regazo,
y es un éxtasis que tengo
de la gran muerte librado!

Há dois anos que deixei
meu menino mexicano;
porém dormida ou desperta
penteio-o com minhas mãos.

Maternidade perene
que não me cansa o regaço:
é um êxtase que tenho
da grande morte livrado.

EL ESTABLO

Al llegar la medianoche
y al romper en llanto el Niño,
las cien bestias despertaron
y el establo se hizo vivo.

Y se fueron acercando,
y alargaron hasta el Niño
los cien cuellos anhelantes
como un bosque sacudido.

Bajó un buey su aliento al rostro
y se lo exhaló sin ruido,
y sus ojos fueron tiernos
como llenos de rocío.

Una oveja lo frotaba,
contra su vellón suavísimo,
y las manos le lamían,
en cuclillas, dos cabritos...

Las paredes del establo
se cubrieron sin sentirlo
de faisanes, y de ocas,
y de gallos, y de mirlos.

Los faisanes descendieron
y pasaban sobre el Niño
la gran cola de colores;
y las ocas de anchos picos,

arreglábanle las pajas;
y el enjambre de los mirlos
era un velo palpitante
sobre del recién nacido...

O ESTÁBULO

Ao chegar a meia-noite
rompendo em pranto o Menino,
cem animais despertaram
e o estábulo se fez vivo.

Acercaram-se estendendo
para o lado do Menino,
cem pescoços anelantes
como um bosque sacudido.

Um boi exalou-lhe ao rosto
seu bafejo – mas sem ruído.
E tinha nos olhos ternos
a umidade do rocio.

Uma ovelha o acariciava
contra sua lã suavíssima.
E as mãozinhas lhe lambiam
de cócoras, dois cabritos.

Pelas paredes do estábulo
docemente espaireciam
bandos de melros e galos,
de faisões e de palmípedes.

Os faisões com reverência
passavam sobre o Menino
a grande cauda de cores;
as aves de largos bicos

vinham ajeitar-lhe as palhas;
e dos melros o remoinho
era um palpitante véu
por sobre o recém-nascido.

Y la Virgen, entre cuernos
y resuellos blanquecinos,
trastocada iba y venía
sin poder coger al Niño.

Y José llegaba riendo
a acudir a la sin tino.
Y era como bosque al viento
el establo conmovido...

E a Virgem entre chavelhos
e respiros brancacentos,
ia e vinha tonta, sem
poder tomar o Menino.

E José chegava rindo
para acudir a mofina.
E era como bosque ao vento
o estábulo comovido.

CARRO DEL CIELO

Echa atrás la cara, hijo,
y recibe las estrellas.
A la primera mirada,
todas te punzan y hielan,
y después el cielo mece
como cuna que balancean,
y tú te das perdidamente
como cosa que llevan y llevan...

Dios baja para tomarnos
en su viva polvareda;
cae en el cielo estrellado
como una cascada suelta.
Baja, baja en el Carro del Cielo;
va a llegar y nunca llega...

Él viene incesantemente
y a media marcha se refrena,
por amor y miedo de amor
de que nos rompe o que nos ciega.
Mientras viene somos felices
y lloramos cuando se aleja.

Y un día el carro no para,
ya desciende, ya se acerca,
y sientes que toca tu pecho
la rueda viva, la rueda fresca.
Entonces, sube sin miedo
de un solo salto a la rueda,
¡cantando y llorando del gozo
con que te toma y que te lleva!

CARRO DO CÉU

Deita para trás a fronte,
filho, e recebe as estrelas.
Súbito, ao primeiro olhar,
elas te apunhalam e gelam.
E depois o céu tonteia
como berço que se embalança.
E tu te dás perdidamente
como cousa que levam e levam...

Deus baixa para tomar-nos
em sua vívida poeira.
No céu estrelado tomba
como uma solta cachoeira.
Baixa no Carro do Céu,
vai chegar e nunca chega.

Ele vem incessantemente
e a meio andar se refreia.
Por amor e medo de amor
de que nos fere ou que nos cega.
Enquanto vem somos felizes
e choramos quando regressa.

Um dia o carro não para,
já desce, já se aproxima,
e sentes que toca teu peito
a roda viva, a roda fresca.
Então, filho, sobes sem medo,
à roda, de um único salto,
cantando e chorando de gozo
com que te toma e te arrebata.

TRADUÇÃO * HENRIQUETA LISBOA

RONDA DE LA PAZ

A don Enrique Molina

Las madres, contando batallas,
sentadas están al umbral.
Los niños se fueron al campo
la piña de pino a cortar.

Se han puesto a jugar a los ecos
al pie de su cerro alemán.
Los niños de Francia responden
sin rostro en el viento del mar.

Refrán y palabra no entienden,
mas luego se van a encontrar
y cuando a los ojos se miren
el verse será adivinar.

Ahora en el mundo el suspiro
y el soplo se alcanza a escuchar
y a cada refrán las dos rondas
ya van acercándose más.

Las madres, subiendo la ruta
de olores que lleva al pinar,
llegando a la rueda se vieron
cogidas del viento volar...

Los hombres salieron por ellas
y viendo la tierra girar
y oyendo cantar a los montes,
al ruedo del mundo se dan.

RONDA DA PAZ

As mães, recordando batalhas,
sentadas se acham na varanda.
Os meninos foram ao campo
colher as frutas do ananás.

Ao pé de seu cerro alemão
com o eco se põem a brincar.
Meninos de França respondem
sem rosto no vento do mar.

Palavra e refrão não entendem
mas logo buscam se avistar.
E não haverá mais segredo
quando nos olhos se mirarem.

No mundo agora o suspiro,
o sopro se pode escutar.
E a cada estribilho as cirandas
se aproximam um pouco mais.

As mães, subindo a vereda
de odores que leva ao pomar,
chegando à ciranda começam
colhidas pelo vento a voar.

Os homens procuram por elas
e, sentindo a terra girar
e o canto dos montes ouvindo,
a volta do mundo vão dar.

RONDA DE LOS COLORES

Azul loco y verde loco
del lino en rama y en flor.
Mareando de oleadas
baila el lindo azuleador.

Cuando el azul se deshoja,
sigue el verde danzador,
verde-trébol, verde-oliva
y el gayo verde-limón.

¡Vaya hermosura!
¡Vaya el Color!

Rojo manso y rojo bravo
— rosa y clavel reventón —.
Cuando los verdes se rinden,
él salta como un campeón.

Bailan uno tras el otro,
no se sabe cuál mejor,
y los rojos bailan tanto
que se queman en su ardor.

¡Vaya locura!
¡Vaya el Color!

El amarillo se viene
grande y lleno de fervor
y le abren paso todos
como viendo a Agamenón.

A lo humano y lo divino
baila el santo resplandor:
aromas gajos dorados
y el azafrán volador.

¡Vaya delirio!
¡Vaya el Color!

RONDA DAS CORES

Azul louco e verde louco
de linho em rama com flor.
Em ondas vertiginosas
baila o azul em furta-cor.

Ao azul que se desfolha
segue o verde dançador:
verde trevo, verde oliva
e o verde-gaio limão.

Siga a beleza
e siga a cor!

Vermelho manso ou bravio
— rosa e cravo em eclosão —
quando os verdes se despedem,
salta assim como um campeão.

Baila um e depois outro,
não se sabe qual melhor;
e assim bailando, os vermelhos
queimam-se no próprio ardor.

Siga a loucura
e siga a cor!

O amarelo se aproxima
grande e cheio de fervor;
e todos lhe dão passagem
como ao próprio Agamenon.

A um tempo humano e divino
baila o santo resplendor!
Acácia galhos dourados
e o açafrão que é voador.

Siga o delírio
e siga a cor!

TRADUÇÃO ✳ HENRIQUETA LISBOA

Y por fin se van siguiendo
al pavo-real del sol,
que los recoge y los lleva
como un padre o un ladrón.

Mano a mano con nosotros
todos eran, ya no son:
¡El cuento del mundo muere
al morir el Contador!

Por fim acompanham todos
o pavão real do sol
que os recolhe e se retira
como um pai, como um ladrão.

De mãos unidas às nossas,
todos eram, já não são:
o conto do mundo morre
quando morre o narrador.

TODAS ÍBAMOS A SER REINAS

Todas íbamos a ser reinas,
de cuatro reinos sobre el mar:
Rosalía con Efigenia
y Lucila con Soledad.

En el valle de Elqui, ceñido
de cien montañas o de más,
que como ofrendas o tributos
arden en rojo y azafrán.

Lo decíamos embriagadas,
y lo tuvimos por verdad,
que seríamos todas reinas
y llegaríamos al mar.

Con las trenzas de los siete años,
y batas claras de percal,
persiguiendo tordos huidos
en la sombra del higueral.

De los cuatro reinos, decíamos,
indudables como el Korán,
que por grandes y por cabales
alcanzarían hasta el mar.

Cuatro esposos desposarían,
por el tiempo de desposar,
y eran reyes y cantadores
como David, rey de Judá.

Y de ser grandes nuestros reinos,
ellos tendrían, sin faltar,
mares verdes, mares de algas,
y el ave loca del faisán.

TODAS ÍAMOS SER RAINHAS

Todas íamos ser rainhas
de quatro reinos sobre o mar:
Rosália com Efigênia
e Lucila com Soledade.

Lá no vale de Elqui, cingido
por cem montanhas, talvez mais,
que com dádivas ou tributos
ardem em rubro ou açafrão,

nós dizíamos embriagadas
com a convicção de uma verdade,
que havíamos de ser rainhas
e chegaríamos ao mar.

Com aquelas tranças de sete anos
e camisolas de percal,
perseguindo tordos fugidos
sob a sombra do figueiral,

dizíamos que os nossos reinos,
dignos de fé como o Corão,
seriam tão perfeitos e amplos
que se estenderiam ao mar.

Quatro esposos desposaríamos
quando o tempo fosse chegado,
os quais seriam reis e poetas
como David, rei de Judá.

E por serem grandes os reinos
eles teriam, por sinal,
mares verdes, repletos de algas
e a ave selvagem do faisão.

TRADUÇÃO * HENRIQUETA LISBOA

Y de tener todos los frutos,
árbol de leche, árbol del pan,
el guayacán no cortaríamos
ni morderíamos metal.

Todas íbamos a ser reinas,
y de verídico reinar;
pero ninguna ha sido reina
ni en Arauco ni en Copán...

Rosalía besó marino
ya desposado con el mar,
y al besador, en las Guaitecas,
se lo comió la tempestad.

Soledad crió siete hermanos
y su sangre dejó en su pan,
y sus ojos quedaron negros
de no haber visto nunca el mar.

En las viñas de Montegrande,
con su puro seno candeal,
mece los hijos de otras reinas
y los suyos nunca-jamás.

Efigenia cruzó extranjero
en las rutas, y sin hablar,
le siguió, sin saberle nombre,
porque el hombre parece el mar.

Y Lucila, que hablaba a río,
a montaña y cañaveral,
en las lunas de la locura
recibió reino de verdad.

En las nubes contó diez hijos
y en los salares su reinar,
en los ríos ha visto esposos
y su manto en la tempestad.

Por possuírem todos os frutos,
a árvore do leite e do pão,
o guaiaco não cortaríamos
nem morderíamos metal.

Todas íamos ser rainhas
e de verídico reinar;
porém nenhuma foi rainha
nem no Arauco nem em Copán...

Rosália beijou marinheiro
que já tinha esposado o mar,
e ao namorador nas Guaitecas
devorou-o a tempestade.

Sete irmãos criou Soledade
e seu sangue deixou no pão.
E seus olhos quedaram negros
de nunca terem visto o mar.

Nos vinhedos de Montegrande
ao puro seio de trigal,
nina os filhos de outras rainhas
porém os seus nunca, jamais.

Efigênia achou estrangeiro
no seu caminho e sem falar
seguiu-o sem saber-lhe o nome
pois o homem se assemelha ao mar.

Lucila que falava ao rio,
às montanhas e aos canaviais,
esta, nas luas da loucura
recebeu reino de verdade.

Entre as nuvens contou dez filhos,
fez nas salinas seu reinado,
viu nos rios os seus esposos
e seu manto na tempestade.

TRADUÇÃO * HENRIQUETA LISBOA

Pero en el valle de Elqui, donde
son cien montañas o son más,
cantan las otras que vinieron
y las que vienen cantarán:

"En la tierra seremos reinas,
y de verídico reinar,
y siendo grandes nuestros reinos,
llegaremos todas al mar."

Porém lá no vale de Elqui,
onde há cem montanhas ou mais,
cantam as outras que já vieram,
como as que vierem cantarão:

Na terra seremos rainhas
e de verídico reinar,
e sendo grandes os nossos reinos,
chegaremos todas ao mar.

CANCIÓN DE LAS MUCHACHAS MUERTAS

¿Y las pobres muchachas muertas,
escamoteadas en abril,
las que asomáronse y hundiéronse
como en las olas el delfín?

¿Adónde fueron y se hallan,
encuclilladas por reír
o agazapadas esperando
voz de un amante que seguir?

¿Borrándose como dibujos
que Dios no quiso reteñir
o anegadas poquito a poco
como en sus fuentes un jardín?

A veces quieren en las aguas
ir componiendo su perfil,
y en las carnudas rosas-rosas
casi consiguen sonreír.

En los pastales acomodan
su talle y bulto de ceñir
y casi logran que una nube
les preste cuerpo por ardid;

casi se juntan las deshechas;
casi llegan al sol feliz;
casi reniegan su camino
recordando que eran de aquí;

casi deshacen su traición
y van llegando a su redil.
¡Y casi vemos en la tarde
el divino millón venir!

CANÇÃO DAS MENINAS MORTAS

E essas pobres meninas mortas,
escamoteadas em abril,
as que surgiram e afundaram-se
como nas ondas o delfim?

Onde é que foram e se encontram,
a custo contendo o riso,
ou escondidas esperando
voz de um amante que seguir?

Diluindo-se como desenhos
que Deus deixou de colorir,
pouco a pouco afogadas como
em suas fontes um jardim?

Às vezes procuram nas águas
ir recompondo seu perfil
e nas carnudas rosas róseas
quase começam a sorrir.

Nos campos elas acomodam
o talhe, o vulto quebradiço.
E quase logram que uma nuvem
lhes dê seu corpo num ardil.

Juntam-se quase as desmembradas,
quase chegam ao sol feliz.
Quase desfazem seu trajeto
recordando que eram daqui.

Quase anulam sua traição
e caminham para o redil.
E quase vemos ao crepúsculo
o divino milhão surgir!

CANCIÓN DE LA MUERTE

La vieja Empadronadora,
la mañosa Muerte,
cuando vaya de camino,
mi niño no encuentre.

La que huele a los nacidos
y husmea su leche,
encuentre sales y harinas,
mi leche no encuentre.

La Contra-Madre del Mundo,
la Convida-gentes,
por las playas y las rutas
no halle al inocente.

El nombre de su bautismo
– la flor con que crece –,
lo olvide la memoriosa,
lo pierda la Muerte.

De vientos, de sal y arenas
se vuelva demente,
y trueque, la desvariada,
el Oeste y el Este.

Niño y madre los confunda
lo mismo que peces,
y en el día y en la hora
a mí sola encuentre.

CANÇÃO DA MORTE

A velha niveladora,
a manhosa Morte,
quando estiver a caminho,
meu filho não ache.

A que fareja os nascidos
e cheira o seu leite,
encontre sais e farinhas,
meu colo não ache.

A Contra-Mãe do mundo
a Convidadeira,
pelas praias e rotas,
não ache o inocente.

O seu nome de batismo
– a flor com que cresce –,
esqueça-o a lembradiça,
perca-o a Morte.

De vento, de sais e areias,
torne-se demente.
E desvairada troque
o oeste e o este.

Filho e mãe confunda-os
como se peixes fossem
e no dia e na hora
a mim só encontre.

TRADUÇÃO * HENRIQUETA LISBOA

MI CANCIÓN

Mi propia canción amante
que sin brazos acunaba
una noche entera esclava
¡cántenme!

La que bajaba cargando
por el Ródano o el Miño,
sueño de mujer o niño
¡cántenme!

La canción que yo prestaba
al despierto y al dormido
ahora que me han herido
¡cántenme!

La canción que yo cantaba
como una suelta vertiente
y que sin bulto salvaba
¡cántenme!

Para que ella me levante
con brazo de Arcángel fuerte
y me alce de mi muerte
¡cántenme!

La canción que repetía
rindiendo a noche y a muerte
ahora por que me liberte
¡cántenme!

MINHA CANÇÃO

A minha canção amante
que eu sem braços embalava
por toda uma noite escrava,
cantem-me!

A que baixava levando
pelo Minho, pelo Ródano,
sonho de mulher ou criança,
cantem-me!

A canção que eu arrulhava
para o desperto e o dormido,
agora que estou ferida,
cantem-me!

Essa canção que eu cantava
como uma solta cachoeira
e obscuramente salvava,
cantem-me!

Para que ela me levante
com braço de arcanjo forte
e me alce de minha morte,
cantem-me!

A canção que eu repetia
vencendo as noites e a morte,
para que hoje me liberte
cantem-me!

Poemas de amor

EL ENCUENTRO

Le he encontrado en el sendero.
No turbó su ensueño el agua
ni se abrieron más las rosas;
abrió el asombro mi alma.
¡Y una pobre mujer tiene
su cara llena de lágrimas!

Llevaba un canto ligero
en la boca descuidada,
y al mirarme se le ha vuelto
grave el canto que entonaba.
Miré la senda, la hallé
extraña y como soñada.
¡Y en el alba de diamante
tuve mi cara con lágrimas!

Siguió su marcha cantando
y se llevó mis miradas...
Detrás de él no fueron más
azules y altas las salvias.
¡No importa! Quedó en el aire
estremecida mi alma.
¡Y aunque ninguno me ha herido
tengo la cara con lágrimas!

Esta noche no ha velado
como yo junto a la lámpara;
como él ignora, no punza
su pecho de nardo mi ansia;
pero tal vez por su sueño
pase un olor de retamas,
¡porque una pobre mujer
tiene su cara con lágrimas!

O ENCONTRO

Encontrei-o no caminho.
A água não turvou seu sonho,
nem se abriram mais as rosas.
Mas o assombro entrou-me na alma.
E uma pobre mulher tem
o rosto banhado em lágrimas.

Levava um canto ligeiro
sua boca descuidada;
ao olhar-me se tornou
profundo o canto que entoava.
Contemplei a senda, achei-a
estranha, transfigurada.
Tive na alba de diamante
o rosto banhado em lágrimas.

Continuou a andar cantando
e levou os meus olhares.
Então já não foram mais
azuis e esbeltas as salvas.
Que importa! Ficou nos ares
estremecida minha alma.
Ninguém me feriu mas tenho
o rosto banhado em lágrimas.

Essa noite não velou
assim como eu junto à lâmpada.
Longe seu peito de nardo
minha aflição não atinge.
Porém talvez por seu sonho
passe um perfume de acácia,
que uma pobre mulher tem
o rosto banhado em lágrimas.

Iba sola y no temía;
con hambre y sed no lloraba;
desde que lo vi cruzar,
mi Dios me vistió de llagas.
Mi madre en su lecho reza
por mí su oración confiada.
Pero ¡yo tal vez por siempre
tendré mi cara con lágrimas!

Ia só e não temia.
Tinha sede e não chorava.
Mas desde que o vi passar,
Deus revestiu-me de chagas.
Minha mãe reza por mim
a sua oração confiada.
Mas eu terei para sempre
o rosto banhado em lágrimas.

AMO AMOR

Anda libre en el surco, bate el ala en el viento
late vivo en el sol y se prende al pinar.
No te vale olvidarlo como al mal pensamiento:
    ¡le tendrás que escuchar!

Habla lengua de bronce y habla lengua de ave,
ruegos tímidos, imperativos de mar.
No te vale ponerle gesto audaz, ceño grave:
    ¡lo tendrás que hospedar!

Gasta trazas de dueño; no le ablandan excusas.
Rasga vasos de flor, hiende el hondo glaciar.
No te vale el decirle que albergarlo rehúsas:
    ¡lo tendrás que hospedar!

Tiene argucias sutiles en la réplica fina,
argumentos de sabio, pero en voz de mujer.
Ciencia humana te salva, menos ciencia divina:
    ¡le tendrás que creer!

Te echa venda de lino; tú la venda toleras,
Te ofrece el brazo cálido, no le sabes huir.
Echa a andar, tú le sigues hechizada aunque vieras
    ¡que eso para en morir!

AMOR MESTRE

Anda livre no sulco, a asa bate no vento,
reverbera no sol e enlaça-se ao pinhal.
Não há fugir-lhe assim como ao mau pensamento:
    é mister escutá-lo.

Fala língua de bronze e fala língua de ave,
tem rogos tímidos e imperativos de mar.
É inútil se lhe opor cenho severo e audácia:
    é mister abrigá-lo.

Tem seguros ardis; não o abrandam escusas.
Rompe os vasos da flor, fende a profunda neve.
Nada vale dizer que a vê-lo te recusas:
    é mister hospedá-lo.

Tem argúcias sutis; usa a réplica fina,
argumentos de sábio e mimos de mulher.
Ciência humana te salva e não ciência divina:
    é mister ter-lhe fé.

Teus olhos, ele os venda; e esta venda toleras.
Oferece-te o braço – que aceitas.
Quando acaso se for, seus rastros seguirás,
    mesmo para morrer.

BALADA

Él pasó con otra;
yo le vi pasar.
Siempre dulce el viento
y el camino en paz.
¡Y estos ojos míseros
le vieron pasar!

Él va amando a otra
por la tierra en flor.
Ha abierto el espino;
pasa una canción.
¡Y él va amando a otra
por la tierra en flor!

Él besó a la otra
a orillas del mar;
resbaló en las olas
la luna de azahar.
¡Y no untó mi sangre
la extensión del mar!

Él irá con otra
por la eternidad.
Habrá cielos dulces.
(Dios quiere callar.)
¡Y él irá con otra
por la eternidad!

BALADA

Ai! Passou com outra;
eu o vi passar.
Sempre doce o vento
e o caminho em paz.
E esses olhos míseros
viram-no passar!

Vai amando a outra
pela terra em flor.
O espinho se abriu,
passa uma canção.
E ele amando a outra
pela terra em flor!

Ai! Beijou a outra
à beira das praias;
resvalou nas ondas
a lua nupcial.
E não vi meu sangue
na extensão do mar!

Seguirá com outra
pela eternidade.
Os céus serão doces.
(Deus está calado.)
E ele irá com outra
pela eternidade.

BALADA DE LA ESTRELLA

– Estrella, estoy triste.
Tú dime si otra
como mi alma viste.
– Hay otra más triste.

– Estoy sola, estrella.
Di a mi alma si existe
otra como ella.
– Sí, dice la estrella.

– Contempla mi llanto.
Dime si otra lleva
de lágrimas manto.
– En otra hay más llanto.

– Di quién es la triste,
di quién es la sola,
si la conociste.

– Soy yo, la que encanto,
soy yo la que tengo
mi luz hecha llanto.

BALADA DA ESTRELA

– Estrela, estou triste.
Dize-me se outra alma
qual a minha existe.
– Há outra mais triste.

– Estou só, Estrela.
À minha alma dize
se há outra como eu.
– Sim, responde a Estrela.

– Contempla meu pranto.
Dize-me se uma outra
tem manto de lágrimas.
– Em outra há mais pranto.

– Dize-me quem é
a mais triste e só,
se acaso a conheces.

– Sou eu, a que encanta,
sou eu, a que tem
luz feita de pranto.

CIMA

La hora de la tarde, la que pone
su sangre en las montañas.

Alguien en esta hora está sufriendo;
una pierde, angustiada,
en este atardecer el solo pecho
contra el cual estrechaba.

Hay algún corazón en donde moja
la tarde aquella cima ensangrentada.

El valle ya está en sombra
y se llena de calma.
Pero mira de lo hondo que se enciende
de rojez la montaña.

Yo me pongo a cantar siempre a esta hora
mi invariable canción atribulada.

¿Seré yo la que baño
la cumbre de escarlata?

Llevo a mi corazón la mano, y siento
que mi costado mana.

CIMO

A hora da tarde, a que põe
seu sangue nas montanhas.

Alguém nesta hora está sofrendo;
com angústia alguém perde
ao pôr do sol o único peito
contra o qual se estreitava.

Um coração existe em que molha
a tarde aquele cimo ensanguentado.

O vale já está na sombra
e se cobre de calma.
Olha, porém, da profundeza, o incêndio
que enrubesce a montanha.

Eu me ponho a cantar sempre nesta hora
minha invariável canção atribulada.

Serei eu a que banha
o cume de escarlate?

Levo a meu coração a mão e sinto
que uma ferida sangra.

ADIÓS

En costa lejana
y en mar de Pasión
dijimos adioses
sin decir *adiós*.
Y no fue verdad
la alucinación.
Ni tú la creíste
ni la creo yo,
"y es cierto y no es cierto"
como en la canción.

Que yendo hacia el Sur
diciendo iba yo:
– Vamos hacia el mar
que devora al Sol.

Y yendo hacia el Norte
decía tu voz:
– Vamos a ver juntos
dónde se hace el Sol.

Ni por juego digas
o exageración
que nos separaron
tierra y mar, que son:
ella, sueño, y él,
alucinación.

No te digas solo
ni pida tu voz
albergue para uno
al albergador.
Echarás la sombra
que siempre se echó,
morderás la duna
con paso de dos...

ADEUS

Em costa longínqua
e em mar de paixão,
dissemos adeuses
sem dizer adeus.
E não foi verdade
a alucinação.
Não acreditaste
nem acreditei;
e é certo e não é,
como na canção.

Que indo para o sul
soltei minha voz:
– Vamos para o mar
que devora o sol.

E indo para o norte
eis como falavas:
– Juntos vamos ver
onde o sol se faz.

Nem brincando digas,
ou por exagero,
que nos separaram
terra e mar que são
ela, sonho e ele,
alucinação.

Não te digas só
nem tampouco peças
abrigo para um
ao dono do albergue.
Lançarás a sombra
que sempre se lança.
Morderás a duna
com os passos de ambos.

TRADUÇÃO ✳ HENRIQUETA LISBOA

¡Para que ninguno,
ni hombre ni dios,
nos llame partidos
como luna y sol;
para que ni roca
ni viento errador,
ni río con vado
ni árbol sombreador,
aprendan y digan
mentira o error
del Sur y del Norte,
del uno y del dos!

Para que ninguém,
nem homem nem deus,
nos cuide partidos
como lua e sol;
para que nem roca
nem ventos errantes
nem rios com vau
nem espessas frondes
aprendam e ensinem
mentira ou desdouro
do sul e do norte,
de um só ou dos dois.

VOLVERLO A VER

¿Y nunca, nunca más, ni en noches llenas
de temblor de astros, ni en las alboradas
vírgenes, ni en las tardes inmoladas?

¿Al margen de ningún sendero pálido,
que ciñe el campo, al margen de ninguna
fontana trémula, blanca de luna?

¿Bajo las trenzaduras de la selva,
dónde llamándolo me ha anochecido,
ni en la gruta que vuelve mi alarido?

¡Oh, no! ¡Volverlo a ver, no importa dónde,
en remansos de cielo o en vórtice hervidor,
bajo una luna plácida o en un cárdeno horror!

¡Y ser con él todas las primaveras
y los inviernos, en un angustiado
nudo, en torno a su cuello ensangrentado!

TORNAR A VÊ-LO

E nunca, nunca mais, nem nas noites repletas
de tremor de astros, nem nas alvoradas
virgens e nem nas tardes imoladas?

À margem de nenhuma senda pálida
que cinge o campo, à margem de nenhuma
trêmula fonte, lívida de lua?

Nem nos emaranhados da selva
onde enquanto o chamava anoitecia,
nem na gruta que me devolve o grito?

Oh! Não! Tornar a vê-lo em qualquer parte,
em remansos de céu ou vórtice fremente,
sob um plácido luar ou em violáceo horror!

E com ele passar todas as primaveras
e invernos, num angustiado
nó em torno ao seu colo ensanguentado!

CERAS ETERNAS

¡Ah! ¡Nunca más conocerá tu boca
la vergüenza del beso que chorreaba
concupiscencia como espesa lava!

Vuelven a ser dos pétalos nacientes,
esponjados de miel nueva, los labios
que yo quise inocentes.

¡Ah! Nunca más conocerán tus brazos
el mundo horrible que en mis días puso
oscuro horror: ¡el nudo de otro abrazo!...

Por el sosiego puros,
quedaron en la tierra distendidos,
¡ya, ¡Dios mío!, seguros!

¡Ah! Nunca más tus dos iris cegados
tendrán un rostro descompuesto, rojo
de lascivia, en sus vidrios dibujado.

¡Benditas ceras fuertes,
ceras heladas, ceras eternales
y duras, de la muerte!

¡Bendito toque sabio,
con que apretaron ojos, con que apegaron brazos,
con que juntaron labios!

¡Duras ceras benditas,
ya no hay brasa de besos lujuriosos
que os quiebren, que os desgasten, que os derritan!

CERAS ETERNAS

Ah! nunca mais conhecerá tua boca
a vergonha do beijo que espumava
concupiscência como espessa lava!

Voltam a ser duas pétalas nascentes
impregnadas de novo mel, os lábios
que sonhei inocentes.

Ah! nunca mais conhecerão teus braços
o mundo horrível que em meus dias pôs
escuro horror: o nó de um outro abraço.

Pelo sossego puros
sob a terra quedaram estendidos
já, Deus meu! seguros.

Agora cegas, nunca mais tuas pupilas
terão um rosto impudente e rubro
de lascívia, nos seus espelhos refletido!

Benditas ceras fortes,
ceras geladas, ceras eternais
e duras, da morte!

Bendito toque sábio
com que selaram olhos, com que amarraram braços,
com que juntaram lábios!

Benditas ceras,
já não brasa de beijos luxuriosos
que vos quebrem, desgastem ou derretam!

SERENIDAD

Y después de tener perdida
lo mismo que un pomar la vida,
– hecho ceniza, sin cuajar –
me han dado esta montaña mágica,
y un río y unas tardes trágicas
como Cristo, con que sangrar.

Los niños cubren mis rodillas;
mirándoles a las mejillas
ahora no rompo a sollozar,
que en mi sueño más deleitoso
yo doy el pecho a un hijo hermoso
sin dudar...

Estoy como el que fuera dueño
de toda tierra y todo ensueño
y toda miel;
¡y en estas dos manos mendigas
no he oprimido ni las amigas
sienes de él!

De sol a sol voy por las rutas,
y en el regazo olor a frutas
se me acomoda el recental:
¡tanto trascienden mis abiertas
entrañas a grutas, y a huertas,
y a cuenco tibio de panal!

Soy la ladera y soy la viña
y las salvias, y el aguaniña:
¡todo el azul, todo el candor!
Porque en sus hierbas me apaciento
mi Dios me guarda de sus vientos
como a los linos en la flor.

SERENIDADE

E após haver perdido a vida
à semelhança de um pomar
em cinza informe consumido,
deram-me esta montanha mágica
e um rio e umas tardes trágicas
como Cristo, com que sangrar.

As crianças cobrem-me os joelhos;
desde que as faces pude ver-lhes,
já não me ponho a soluçar;
pois no meu sonho peregrino
amamento um lindo menino
sem duvidar.

Estou como quem fora dono
de toda a terra e todo o sonho
e todo o mel.
E nessas minhas mãos mendigas
as têmporas do meu amigo
não oprimi sequer.

Vou, sol a sol, pelos caminhos;
no colo aromado de frutas
acomodo o suave cordeiro:
tanto trescalam as minhas
entranhas a hortas e grutas
e favos em tepidez.

Sou a ladeira e sou a vinha
e as salvas e a água-menina,
o inteiro azul, todo o candor.
Nas ervas de Deus me apascento
e ele me preserva dos ventos
tal como ao linho em flor.

Vendrá la nieve cualquier día;
me entregaré a su joya fría,
(fuera otra cosa rebelión).
Y en un silencio de amor sumo,
oprimiendo su duro grumo
me irá vaciando el corazón.

Virá a neve qualquer dia;
entregar-me-ei à joia fria
(fora outra cousa rebelião).
E num silêncio de amor sumo
oprimindo seu duro grânulo
se esvaziará meu coração.

LOS SONETOS DE LA MUERTE – 2

Este largo cansancio se hará mayor un día,
y el alma dirá al cuerpo que no quiere seguir
arrastando su masa por la rosada vía,
por donde van los hombres, contentos de vivir...

Sentirás que a tu lado cavan briosamente,
que otra dormida llega a la quieta ciudad.
Esperaré que me hayan cubierto totalmente...
¡y después hablaremos por una eternidad!

Sólo entonces sabrás el porqué, no madura
para las hondas huesas tu carne todavía,
tuviste que bajar, sin fatiga, a dormir.

Se hará luz en la zona de los sinos, oscura;
sabrás que en nuestra alianza signo de astros había
y, roto el pacto enorme, tenías que morir...

SEGUNDO SONETO DA MORTE

Este largo cansaço aumentará um dia
e a alma ao corpo dirá que não quer prosseguir
arrastando seu peso inútil pela vida
por onde os homens vão contentes de existir...

Sentirás que a teu lado abrem cova recente
para a que dorme e chega à tranquila cidade.
Esperarei que o pó me cubra totalmente.
Falaremos depois por uma eternidade.

Só então saberás por que foi que, imatura
tua carne para os sepulcros, todavia
tu tiveste que sem fadiga adormecer.

Luz se fará então na zona mais escura.
Nossa aliança de amor signo de astros possuía
e rota – era fatal – terias de morrer.

EL RUEGO

Señor, tú sabes cómo, con encendido brío,
por los seres extraños mi palabra te invoca.
Vengo ahora a pedirte por uno que era mío,
mi vaso de frescura, el panal de mi boca.

Cal de mis huesos, dulce razón de la jornada,
gorjeo de mi oído, ceñidor de mi veste.
Me cuido hasta de aquellos en que no puse nada;
¡no tengas ojo torvo si te pido por este!

Te digo que era bueno, te digo que tenía
el corazón entero a flor de pecho, que era
suave de índole, franco como la luz del día,
henchido de milagro como la primavera.

Me replicas, severo, que es de plegaria indigno
el que no untó de preces sus dos labios febriles,
y se fue aquella tarde sin esperar tu signo,
trizándose las sienes como vasos sutiles.

Pero yo, mi Señor, te arguyo que he tocado,
de la misma manera que el nardo de su frente,
todo su corazón dulce y atormentado
¡y tenía la seda del capullo naciente!

¿Que fue cruel? Olvidas, Señor, que le quería,
y que él sabía suya la entraña que llagaba.
¿Que enturbió para siempre mis linfas de alegría?
¡No importa! Tú comprende: ¡yo le amaba, le amaba!

Y amar (bien sabes de eso) es amargo ejercicio;
un mantener los párpados de lágrimas mojados,
un refrescar de besos las trenzas del cilicio
conservando, bajo ellas, los ojos extasiados.

A SÚPLICA

Senhor, tu sabes como, e com que ardente anseio,
pelos estranhos minha palavra te invoca.
Venho hoje suplicar por alguém que era meu,
meu vaso de frescor, o mel de minha boca.

Cal de meus ossos, doce esteio da jornada,
canto de pássaro, penhor de minha veste.
De todos cuido, mesmo desinteressada;
não me olhes com rancor se te peço por este.

Digo-te que era bom, digo-te que trazia
o coração inteiro à flor da pele, que era
suave de índole, franco, igual à luz do dia,
pleno milagre, semelhante à primavera.

Tu me replicas que de rogos fez-se indigno
quem não ungiu de prece os seus lábios febris,
e uma tarde se foi sem aguardar teu signo,
rompendo as veias como cântaros sutis.

Respondo-te porém: seu coração de nardo
que toquei, ao sentir sua fronte dolente,
seu coração piedoso e atormentado
possuía a seda de um capulho alvorescente.

Que foi cruel? Senhor, olvidas que o queria,
pertencia-lhe, pois, a entranha que chagava.
Turvou-me para sempre a fonte de alegria?
Não importa. Compreende: eu o amava, eu o amava.

E amar – bem sabes disso – é amargo exercício;
de lágrimas manter as pálpebras molhadas,
de beijos refrescar as tranças do cilício,
sob elas conservando os olhos extasiados.

El hierro que taladra tiene un gusto frío,
cuando abre, cual gavillas, las carnes amorosas.
Y la cruz (Tú te acuerdas ¡oh Rey de los judíos!)
se lleva con blandura, como un gajo de rosas.

Aquí me estoy, Señor, con la cara caída
sobre el polvo, parlándote un crepúsculo entero,
o todos los crepúsculos a que alcance la vida,
si tardas en decirme la palabra que espero.

Fatigaré tu oído de preces y sollozos,
lamiendo, lebrel tímido, los bordes de tu manto,
y ni pueden huirme tus ojos amorosos
ni esquivar tu pie el riego caliente de mi llanto.

¡Di el perdón, dilo al fin! Va a esparcir en el viento
la palabra el perfume de cien pomos de olores
al vaciarse; toda agua será deslumbramiento;
el yermo echará flor y el guijarro esplendores.

Se mojarán los ojos de las fieras,
y, comprendiendo, el monte que de piedra forjaste
llorará por los párpados blancos de sus neveras:
¡toda la tierra tuya sabrá que perdonaste!

O ferro que retine é refrigério e enleio
quando abre em seu destelo as carnes amorosas.
Tu te lembras: também a cruz, Rei dos Judeus,
leva-se ao ombro assim como um galho de rosas.

Aqui me tens, Senhor, com a face caída
sobre o pó, a rezar, um crepúsculo inteiro
e outros crepúsculos que alcance a minha vida,
se tardas em dizer-me a palavra que espero.

Teus ouvidos fatigarei com meus soluços
a lamber, qual lebrel, os bordes de teu manto,
e já não podem mais fugir teus olhos dúlcidos
nem teus pés ao fluir de meu cálido pranto.

Dá teu perdão por fim! Vai esparzir no vento
tua palavra, o olor de cem pomos de olores.
Toda água, ao despertar, será deslumbramento.
Os ermos darão flor; as pedras, esplendores.

O olhar das feras chegarás a umedecê-lo.
Essas montanhas que de rocha tu forjaste
chorarão pelas brancas raias do degelo.
E toda a terra saberá que tu perdoaste.

Poemas diversos

EL PENSADOR DE RODIN

A Laura Rodig

Con el mentón caído sobre la mano ruda,
el Pensador se acuerda que es carne de la huesa,
carne fatal, delante del destino desnuda,
carne que odia la muerte, y tembló de belleza.

Y tembló de amor, toda su primavera ardiente,
y ahora, al otoño, anégase de verdad y tristeza.
El "de morir tenemos" pasa sobre su frente,
en todo agudo bronce, cuando la noche empieza.

Y en la angustia, sus músculos se hienden, sufridores.
Los surcos de su carne se llenan de terrores.
Se hiende, como la hoja de otoño, al Señor fuerte

que le llama en los bronces... Y no hay árbol torcido
de sol en la llanura, ni león de flanco herido,
crispados como este hombre que medita en la muerte.

O PENSADOR DE RODIN

Queixo apoiado à mão em postura severa,
lembra-se o Pensador que é da carne uma presa;
carne fatal, desnuda ante o fado que o espera,
carne que odeia a morte e tremeu de beleza;

que estremeceu de amor na primavera ardente
e hoje, imersa no outono, a tristeza conhece.
A ideia de morrer dessa fronte consciente
passa por todo o bronze, à hora em que a noite desce.

De angústia os músculos se fendem, sofredores;
os sulcos de seu corpo enchem-se de terrores;
entrega-se, folha outoniça, ao Senhor forte

que o plasma. E não se crispa uma árvore torcida
de sol nos plainos, nem leão de anca ferida,
como esse homem que está meditando na morte.

CANTO DEL JUSTO

Pecho, el de mi Cristo,
más que los ocasos,
más, ensangrentado:
¡desde que te he visto
mi sangre he secado!

Mano de mi Cristo,
que como otro párpado
tajeada llora:
¡desde que os he visto
la mía no implora!

Brazos de mi Cristo,
brazos extendidos
sin ningún rechazo:
¡desde que os he visto
existe mi abrazo!

Costado de Cristo,
otro labio abierto
regando la vida:
¡desde que te he visto
rasgué mis heridas!

Mirada de Cristo,
por no ver su cuerpo,
al cielo elevada:
¡desde que te he visto
no miro mi vida
que va ensangrentada!

Cuerpo de mi Cristo,
te miro pendiente,
aún crucificado.
¡Yo cantaré cuando
te hayan desclavado!

CANTO DO JUSTO

Peito do meu Cristo
mais ensanguentado
do que o pôr do sol:
desde que te vi
meu sangue secou.

Mãos de Jesus Cristo
que à feição de pálpebras
retalhadas, choram:
desde que vos vi
nada mais imploro.

Braços do meu Cristo
largamente abertos
para toda a terra:
desde que vos vi
meu abraço existe.

Flanco do meu Cristo
fonte que se exaure
restaurando a vida:
desde que te vi
rasguei-me a ferida.

Olhares de Cristo
por fugir ao corpo
erguidos ao céu:
desde que vos vi
não contemplo mais
minha vida em sangue.

Corpo do meu Cristo
nessa cruz de sempre
vejo-te cravado:
meu canto hei de erguer-te
no dia em que os homens
te hajam libertado.

TRADUÇÃO * HENRIQUETA LISBOA

¿Cuándo será? ¿Cuándo?
¡Dos mil años hace
que espero a tus plantas
y espero llorando!

Quando será? Quando?
Dois mil anos há
que espero a teus pés
e espero chorando.

DESHECHA

Hay una congoja de algas
y una sordera de arenas,
un solapamiento de aguas
con un quebranto de hierbas.

Estamos bajo la noche
las criaturas completas:
los muros, blancos de fieles;
el pinar lleno de esencia,
una pobre fuente impávida
y un dintel de frente alerta.

Y mirándonos en ronda,
sentimos como vergüenza
de nuestras rodillas íntegras
y nuestras sienes sin mengua.

Cae el cuerpo de una madre
roto en hombros y en caderas;
cae en un lienzo vencido
y en unas tardas guedejas.

La oyen caer sus hijos
como la duna su arena;
en mil rayas soslayadas,
se va y se va por la puerta.

Y nadie para el estrago,
y están nuestras manos quietas,
mientras que bajan sus briznas
en un racimo de abejas.

DESMEMBRADA

Há uma agonia de algas,
há uma surdez de areias,
um solapamento de águas
e um quebrantamento de ervas.

Sob a noite estamos nós,
as criaturas completas:
os muros brancos e fiéis,
o pinhal cheio de essência,
uma pobre fonte impávida
e uma vidraça em vigília.

Olhando umas para as outras
de vergonha estremecemos
por nossos joelhos intactos
e nossas frontes perfeitas.

Cai um corpo maternal
roto em ombros e em quadris,
cai numa tela, vencido,
numas tardas cabeleiras.

Ouvem-na tombar seus filhos
como à duna a própria areia,
em filamentos oblíquos
atravessando a soleira.

Ninguém susta o desperdício
e nossas mãos estão quietas,
enquanto baixam seus fios
em um enxame de abelhas.

TRADUÇÃO ✳ HENRIQUETA LISBOA

Descienden abandonados
sus gestos que no sujeta,
y su brazo se relaja,
y su color no se acuerda.
¡Y pronto va a estar sin nombre
la madre que aquí se mienta,
y ya no le convendrán
perfil, ni casta, ni tierra!

Ayer no más era una
y se podía tenerla,
diciendo nombre verídico
a la madre verdadera.

De sien a pies, era única
como el compás o la estrella.
Ahora ya es el reparto
entre dos devanaderas
y el juego de "toma y daca"
entre Miguel y la Tierra.*

Entre orillas que se ofrecen,
vacila como las ebrias
y después sube tomada
de otro aire y otra ribera.

Se oye un duelo de orillas
por la madre que era nuestra:
una orilla que la toma
y otra que aún la jadea.

¡Llega al tendal dolorido
de sus hijos en la aldea,
el trance de su conflicto
como de un río en el delta¡

*Desta estrofe, Henriqueta Lisboa não traduziu os dois últimos versos.
Apresentamos deles a seguinte tradução livre: "e o jogo de 'toma lá e dá
cá'/ entre Miguel e a Terra".

Caem assim extenuados
seus gestos já sem governo
e seu braço se abandona
e sua cor não se lembra.
E logo estará sem nome
a mãe que aqui se apresenta
e já não lhe convirão
perfil, nem casta, nem terra.

Entretanto ontem foi uma
que se podia reter
dizendo nome verídico
de condição verdadeira.

Da fronte aos pés era única
tal o compasso ou a estrela.
Agora já se reparte
por dois teares, duas teias

Entre margens sugestivas
vacila assim como as ébrias
e agora sobe embebida
de outro ar e de outra ribeira.

Ouve-se um duelo de margens
pela mãe que se nos dera,
de um lado a margem que a arrasta,
de outro a margem que a persegue.

Chega ao tendal dolorido
de seus filhos pela aldeia,
o transe de seu conflito
como de um rio no delta.

LA MEMORIA DIVINA

A Elsa Fano

Si me dais una estrella,
y me la abandonáis, desnuda ella
entre la mano, no sabré cerrarla
por defender mi nacida alegría.
Yo vengo de una tierra
donde no se perdía.

Si me encontráis la gruta
maravillosa, que como una fruta
tiene entraña purpúrea y dorada,
y hace inmensa de asombro la mirada,
no cerraré la gruta
ni a la serpiente ni a la luz del día,
que vengo de una tierra
donde no se perdía.

Si vasos me alargaseis,
de cinamomo y sándalo, capaces
de aromar las raíces de la tierra
y de parar al viento cuando yerra,
a cualquier playa los confiaría,
que vengo de un país
en que no se perdía.

Tuve la estrella viva en mi regazo,
y entera ardí como en tendido ocaso.
Tuve también la gruta en que pendía
el sol, y donde no acababa el día.

Y no supe guardarlos,
ni entendí que oprimirlos era amarlos.
Dormí tranquila sobre su hermosura
y sin temblor bebía en su dulzura.

Y los perdí, sin grito de agonía,
que vengo de una tierra
en donde el alma eterna no perdía.

A MEMÓRIA DIVINA

Se em minhas mãos abandonardes
uma desnuda estrela,
nem para defender minha alegria
saberei escondê-la.
Eu venho de uma terra
onde não se perdia.

Se me abrirdes a gruta
maravilhosa assim como uma fruta
de ouro e púrpura que nos banha
os olhos de um grande assombro,
não cerrarei a gruta
nem à serpente nem à luz do dia,
pois venho de uma terra
onde não se perdia.

Se me oferecêsseis vasos
de cinamomo e sândalo, capazes
de perfumar as raízes da terra
e de deter o vento quando erra,
a qualquer praia os confiaria,
pois venho de uma terra
em que não se perdia.

Tive no peito a estrela viva
e inteira ardi como um ocaso.
E tive a gruta ensolarada
em que prolongava o dia.

Porém não as guardei, convicta
de que não oprime quem ama.
Dormi tranquila sobre a sua formosura,
fui serena ao sorver sua doçura.
Tudo perdi sem grito de agonia
pois venho de uma terra
onde a alma – eterna – não perdia.

TRADUÇÃO * HENRIQUETA LISBOA

LEÑADOR

Quedó sobre las hierbas
el leñador cansado,
dormido en el aroma
del pino de su hachazo.
Tienen sus pies majadas
las hierbas que pisaron.
Le canta el dorso de oro
y le sueñan las manos.
Veo su umbral de piedra,
su mujer y su campo.
Las cosas de su amor
caminan su costado;
las otras que no tuvo
le hacen como más casto,
y el soñoliento duerme
sin nombre, como un árbol.

El mediodía punza
lo mismo que venablo.
Con una rama fresca
la cara le repaso.
Se viene de él a mí
su día como un canto
y mi día le doy
como pino cortado.

Regresando, a la noche,
por lo ciego del llano,
oigo gritar mujeres
al hombre retardado;
y cae a mis espaldas
y tengo en cuatro dardos
nombre del que guardé
con mi sangre y mi hálito.

LENHADOR

Adormeceu na relva
o lenhador cansado
respirando o perfume
que o madeiro trescala.
Traz nos pés os resíduos
das plantas que pisaram.
Canta-lhe o dorso de ouro
e suas mãos têm sonhos.
Vejo seu lar de pedra,
sua mulher, seu campo.
Os amores que teve
perpassam-lhe nos flancos;
os que não desfrutou
como que o tornam casto.
E ele dorme, sem nome,
sono igual ao de uma árvore.

O sol a pino fere
semelhante a um venábulo.
Passo-lhe pelo rosto
uma fresca ramagem.
Dele vem para mim
seu dia como um canto;
e meu dia lhe entrego
como pinho cortado.

Ao regressar à noite
pela cega esplanada,
ouço: gritam mulheres
ao homem retardado.
Cai-me então sobre os ombros
e tenho em quatro dardos
nome do que guardei
com meu sangue e meu hálito.

LA MONTAÑA DE NOCHE

Haremos fuegos sobre la montaña.
La noche que desciende, leñadores,
no echará al cielo ni sus crenchas de astros.
¡Haremos treinta fuegos brilladores!

Que la tarde quebró un vaso de sangre
sobre el ocaso, y es señal artera.
El espanto se sienta entre nosotros
si no hacéis corro en torno de la hoguera.

Semeja este fragor de cataratas
un incansable galopar de potros
por la montaña, y otro fragor sube
de los medrosos pechos de nosotros.

Dicen que los pinares en la noche
dejan su éxtasis negro, y a una extraña,
sigilosa señal, su muchedumbre
se mueve, tarda, sobre la montaña.

La esmaltadura de la nieve adquiere
en la tiniebla un arabesco avieso:
sobre el osario inmenso de la noche,
finge un bordado lívido de huesos.

E invisible avalancha de neveras
desciende, sin llegar, al valle inerme,
mientras vampiros de arrugadas alas
rozan el rostro del pastor que duerme.

Dicen que en las cimeras apretadas
de la próxima sierra hay alimañas
que el valle no conoce y que en la sombra,
como greñas, desprende la montaña.

A MONTANHA DE NOITE

Acenderemos fogos na montanha.
Lenhadores, a noite se aproxima
e astro nenhum trará nos escaninhos.
Trinta fogueiras hoje acenderemos.

Porque a tarde quebrou há pouco um vaso
de sangue no horizonte. E é mau agouro.
Juntos fiquemos ao redor do fogo
para que não habite em nós o espanto.

Esse fragor de catadupas lembra
um incansável galopar de potros
pela montanha. Enquanto sobe um outro
fragor dos nossos temerosos peitos.

Dizem que pela noite o êxtase negro
os pinheiros esquecem, e a um estranho
sinal secreto, sua multidão
move-se, vagarosa, na montanha.

A esmeralda da neve então adquire
riscando a treva um arabesco oblíquo.
Sobre o ossário da noite que se estende
representa um bordado de ossos, lívido.

Há um alude invisível que dos montes
desliza mas não chega ao vale inerme.
Há morcegos que vêm, de asas rugosas,
roçar o rosto do pastor que dorme.

Dizem que pelos cimos apertados
da serra próxima, andam junto à sombra
daninhos animais que o vale ignora
nascidos, como grenhas, da montanha.

TRADUÇÃO ✳ HENRIQUETA LISBOA

Me va ganando el corazón el frío
de la cumbre cercana. Pienso: "Acaso
los muertos que dejaron por impuras
las ciudades, elijan el regazo

recóndito de los desfiladeros
de tajo azul, que ningún alba baña,
¡y al espesar la noche sus betunes
como una mar invadan la montaña!"

Tronchad los leños tercos y fragantes,
salvias y pinos chisporroteadores,
y apretad bien el corro en torno al fuego,
¡que hace frío y angustia, leñadores!

Já me penetra o coração o frio
do cume ao lado. Penso: porventura
os mortos que deixaram por impuras
as cidades, escolhem o regaço

recôndito e ermo dos desfiladeiros
de escarpa azul que alba nenhuma banha
e, quando a noite adensa seus betumes,
tal como um mar invadem a montanha.

Rachai troncos espessos e fragrantes,
pinheiros que dão chama abrasadora,
apertai bem o cerco da fogueira
porque há frio e angústia, lenhadores.

RIQUEZA

Tengo la dicha fiel
y la dicha perdida:
la una como rosa,
la otra como espina.
De lo que me robaron
no fui desposeída:
tengo la dicha fiel
y la dicha perdida,
y estoy rica de púrpura
y de melancolía.
¡Ay, qué amada es la rosa
y qué amante la espina!
Como el doble contorno
de las frutas mellizas,
tengo la dicha fiel
y la dicha perdida...

RIQUEZA

Tenho a fortuna fiel
e a fortuna perdida.
Uma assim como rosa,
a outra assim como espinho.
Não me prejudicou
o roubo que sofri.
Tenho a fortuna fiel
e a fortuna perdida.
E estou rica de púrpura
e de melancolia.
Como é amada a rosa,
como é amante o espinho!
Tal num duplo contorno
frutas gêmeas unidas,
tenho a fortuna fiel
e a fortuna perdida.

AGUA

Hay países que yo recuerdo
como recuerdo mis infancias.
Son países de mar o río,
de pastales, de vegas y aguas.
Aldea mía sobre el Ródano,
rendida en río y en cigarras;
Antilla en palmas verdinegras
que a medio mar está y me llama;
¡roca lígure de Portofino:
mar italiana, mar italiana!

Me han traído a país sin río,
tierras-Agar, tierras sin agua;
Saras blancas y Saras rojas,
donde pecaron otras razas,
de pecado rojo de atridas
que cuentan gredas tajeadas;
que no nacieron como un niño
con unas carnazones grasas,
cuando las oigo, sin un silbo,
cuando las cruzo, sin mirada.

Quiero volver a tierras niñas;
llévenme a un blando país de aguas.
En grandes pastos envejezca
y haga al río fábula y fábula.
Tenga una fuente por mi madre
y en la siesta salga a buscarla,
y en jarras baje de una peña
un agua dulce, aguda y áspera.

Me venza y pare los alientos
el agua acérrima y helada.
¡Rompa mi vaso y al beberla
me vuelva niñas las entrañas!

ÁGUA

Há países de que me lembro
como lembro os tempos da infância.
São países de mar e rio,
de pastos, de veigas e de águas.
Aldeia minha sobre o Ródano,
transformada em rio e em cigarras;
Antilha em palmas verde-negras
que cercada de ondas me chama;
rocha ancestral de Portofino,
ó mar, ó mar italiano!

Trouxeram-me a país sem rio,
terras-Agar, terras sem água;
Saras brancas e Saras rubras
onde outras raças cometeram
o mesmo pecado de atridas,
segundo gredas fragmentadas;
que não nasceram como criança
com carnações assim macias,
quando as ouço, sem um suspiro,
quando as cruzo, sem um olhar.

Quero rever terras meninas;
conduzam-me ao país das águas.
Em grandes prados envelheça
contando ao rio minhas fábulas.
Tenha por mãe alguma fonte
e à hora da sesta vá buscá-la,
e em jatos baixe de uma penha
uma água doce, aguda e áspera.

Suspenda-me o próprio respiro
a água gelada e causticante.
Rompa meu copo e que ao bebê-la
volte a inocência à minha entranha.

TRADUÇÃO * HENRIQUETA LISBOA

PAN

A Teresa y Enrique Díez-Canedo

Dejaron un pan en la mesa,
mitad quemado, mitad blanco,
pellizcado encima y abierto
en unos migajones de ampo.

Me parece nuevo o como no visto,
y otra cosa que él no me ha alimentado,
pero volteando su miga, sonámbula,
tacto y olor se me olvidaron.

Huele a mi madre cuando dió su leche,
huele a tres valles por donde he pasado:
a Aconcagua, a Pátzcuaro, a Elqui,
y a mis entrañas cuando yo canto.

Otros olores no hay en la estancia
y por eso él así me ha llamado;
y no hay nadie tampoco en la casa
sino este pan abierto en un plato,
que con su cuerpo me reconoce
y con el mío yo reconozco.

Se ha comido en todos los climas
el mismo pan en cien hermanos:
pan de Coquimbo, pan de Oaxaca,
pan de Santa Ana y de Santiago.

En mis infancias yo le sabía
forma de sol, de pez o de halo,
y sabía mi mano su miga
y el calor de pichón emplumado...

Después le olvidé, hasta este día
en que los dos nos encontramos,
yo con mi cuerpo de Sara vieja
y él con el suyo de cinco años.

PÃO

Deixaram sobre a mesa um pão
meio branco, meio queimado,
beliscado em cima e aberto
como umas migalhas de nácar.

Parece-me desconhecido
quando sempre me alimentou.
Alheia, porém, à substância,
olvidei esse tato e odor.

Tem o aroma de minha mãe
quando amamentava, o dos vales
chilenos que andei, o de minhas
próprias entranhas quando canto.

Não há na estância outros odores
por isso ele assim me chamou.
Não há ninguém mais em casa
senão este pão sobre um prato:
com seu corpo me reconhece,
com meus sentidos, reconheço-o.

Comeram-se em diversos climas
cem pães e eram todos o mesmo:
pão de Coquimbo, pão de Oaxaca,
pão de Santa Ana e de Santiago.

Na infância, eu me recordo, tinha
forma de sol, de peixe, de halo;
e no seu miolo eu sentia
calor de avezinha emplumada.

Depois o esqueci até que hoje
finalmente nos encontramos,
eu com meu corpo de Sara velha,
ele com o seu de cinco anos.

Amigos muertos con que comíalo
en otros valles sientan el vaho
de un pan en septiembre molido
y en agosto en Castilla segado.

Es otro y es el que comimos
en tierras donde se acostaron.
Abro la miga y les doy su calor;
lo volteo y les pongo su hálito.

La mano tengo de él rebosada
y la mirada puesta en mi mano;
entrego un llanto arrepentido
por el olvido tantos años,
y la cara se me envejece
o me renace en este hallazgo.

Como se halla vacía la casa,
estemos juntos los reencontrados,
sobre esta mesa sin carne y fruta,
los dos en este silencio humano,
hasta que seamos otra vez uno
y nuestro día haya acabado...

Amigos mortos com que o comia
noutros vales, sintam as auras
de um pão em setembro moído
e que em Castilla foi segado.

É outro e é o mesmo que comemos
em terras onde repousaram.
No pão ficou-lhes o calor,
paira em torno dele seu hálito.

Com abundância se me entrega
olhos e mãos na minha mão.
Brota-me um pranto arrependido
por esse esquecimento de anos.
Talvez envelheça meu rosto,
talvez renasça – nesse encontro.

Como se acha vazia a casa,
fiquemos juntos os reencontrados;
sobre esta mesa sem carne ou fruta,
os dois neste silêncio humano
até que sejamos um só
e o nosso dia se acabe.

TRADUÇÃO * HENRIQUETA LISBOA

LA CASA

La mesa, hijo, está tendida,
en blancura quieta de nata,
y en cuatro muros azulea,
dando relumbres, la cerámica.
Esta es la sal, este el aceite
y al centro el Pan que casi habla.
Oro más lindo que oro del Pan
no está ni en fruta ni en retama,
y da su olor de espiga y horno
una dicha que nunca sacia.
Los partimos, hijito, juntos,
con dedos duros y palma blanda,
y tú lo miras asombrado
de tierra negra que da flor blanca.

Baja la mano de comer,
que tu madre también la baja.
Los trigos, hijo, son del aire,
y son del sol y de la azada;
pero este Pan "cara de Dios"[1]
no llega a mesas de las casas.
Y si otros niños no lo tienen,
mejor, mi hijo, no lo tocaras,
y no tomarlo mejor sería
con mano y mano avergonzadas.

Hijo, el Hambre, cara de mueca,
en remolino gira las parvas,
y se buscan y no se encuentran
el pan y el Hambre corcovada.

Para que lo halle, si ahora entra,
el Pan dejemos hasta mañana;
el fuego ardiendo marque la puerta,
que el indio quechua nunca cerraba,
y miremos comer al Hambre,
para dormir con cuerpo y alma.

---

1 En Chile, el pueblo llama al pan "cara de Dios".

A CASA

A mesa está posta, meu filho,
em alvura quieta de nata;
e as quatro paredes de barro
em tons de claro azul rebrilham.
Este é o sal, este é o azeite,
e o pão que quase fala, ao centro.
Ouro mais lindo que o do pão
não se acha em fruta nem em giesta;
e é seu odor de espiga e forno
uma ventura que não cansa.
Nós o partimos juntos, filho,
firmes os dedos, palma branda,
e te assombras vendo-o tão branca
flor nascida da terra escura.

Baixa essas mãos para o alimento
que tua mãe assim o faz.
Os trigos pertencem ao ar
e são do sol e são da enxada;
mas este pão "cara de Deus"
nem sempre chega a toda casa.
E se outras crianças não o têm,
melhor será não o tocarmos,
melhor será não o comermos,
sentindo-nos envergonhados.

Filho, a fome, com seus trejeitos,
em redemoinho roda as searas;
buscam-se porém não se encontram
o pão e a fome corcovada.
Para que o ache, se entra agora,
guarde-se o pão para amanhã;
o fogo ardendo marque a porta
que o índio quéchua não fechava.
E se virmos comer a fome
dormiremos de corpo e de alma.

DOS ÁNGELES

No tengo sólo un Ángel
con ala estremecida:
me mecen como al mar
mecen las dos orillas
el Ángel que da el gozo
y el que da la agonía,
el de alas tremolantes
y el de las alas fijas.

Yo sé, cuando amanece,
cuál va a regirme el día,
si el de color de llama
o el color de ceniza,
y me les doy como alga
a la ola, contrita.

Sólo una vez volaron
con las alas unidas:
el día del amor,
el de la Epifanía.

¡Se juntaron en una
sus alas enemigas
y anudaron el nudo
de la muerte y la vida!

DOIS ANJOS

Não é um anjo apenas
que me afeiçoa e guia.
Como embalam as duas
orlas ao mar, embalam-me
o anjo que traz o gozo
e o que traz a agonia;
o que tem asas voantes
e o que tem asas fixas.

Eu sei, quando amanhece,
qual vai reger-me o dia,
se o anjo cor de chama,
se o anjo cor de cinza.
E dou-me a eles como
alga às ondas, contrita.

Voaram uma só vez
com as asas unidas:
foi o dia do amor,
o da Epifania.

Fundiram-se numa asa
as asas inimigas
e apertaram o nó
que junta à morte a vida.

LA EXTRANJERA

A Francis de Miomandre

— "Habla con dejo de sus mares bárbaros,
con no sé qué algas y no sé qué arenas;
reza oración a dios sin bulto y peso,
envejecida como si muriera.
En huerto nuestro que nos hizo extraño,
ha puesto cactus y zarpadas hierbas.
Alienta del resuello del desierto
y ha amado con pasión de que blanquea,
que nunca cuenta y que si nos contase
sería como el mapa de otra estrella.
Vivirá entre nosotros ochenta años,
pero siempre será como si llega,
hablando lengua que jadea y gime
y que le entienden sólo bestezuelas.
Y va a morirse en medio de nosotros,
en una noche en la que más padezca,
con sólo su destino por almohada,
de una muerte callada y *extranjera*".

A ESTRANGEIRA

Fala com a deixa de seus mares bárbaros,
com não sei que algas e não sei que areias;
reza oração a Deus sem vulto ou peso,
envelhecida como se morresse.
Em horto nosso que tornou estranho
plantou uns cactos e agarradas gramas.
Respira a mesma ardência do deserto
e amou com essa paixão de que encanece,
de que não fala nunca e se falasse
seria como mapa de outra estrela.
Oitenta anos conosco viverá,
porém sempre será como quem chega,
falando língua que vacila e treme
só entendida dos irracionais.
E vai morrer assim no nosso meio,
alguma noite em que padeça mais,
tendo o destino só por almofada,
de uma morte calada e estrangeira.

HIMNO AL ÁRBOL
A don José Vasconcelos

Árbol hermano, que clavado
por garfios pardos en el suelo,
la clara frente has elevado
en una intensa sed de cielo:

hazme piadoso hacia la escoria
de cuyos limos me mantengo,
sin que se duerma la memoria
del país azul de donde vengo.

Árbol que anuncias al viandante
la suavidad de tu presencia
con tu amplia sombra refrescante
y con el nimbo de tu esencia:

haz que revele mi presencia,
en la pradera de la vida,
mi suave y cálida influencia
de criatura bendecida.

Árbol diez veces productor:
el de la poma sonrosada,
el del madero constructor,
el de la brisa perfumada,
el del follaje amparador;

el de las gomas suavizantes
y las resinas milagrosas,
pleno de tirsos agobiantes
y de gargantas melodiosas:

hazme en el dar un opulento.
¡Para igualarte en lo fecundo,
el corazón y el pensamiento
se me hagan vastos como el mundo!

HINO À ÁRVORE

Árvore irmã que bem cravada
por ganchos escuros ao solo
a clara fronte levantaste
numa sede intensa de céu.

Faz-me piedoso para a escória
de cujos limos me mantenho
sem que se adormeça a memória
do país azul de onde venho.

Tu que anuncias ao viandante
a graça de tua presença
com ampla sombra refrescante
e com o nimbo de tua essência;

faze com que a minha presença
revele, nos prados da vida,
dúlcida e cálida influência
por sobre as almas exercida.

Árvore criadora dez vezes:
a que tem fruto cor-de-rosa,
a de madeira construtora,
a de zéfiro perfumada,
a de folhagem protetora,

a de bálsamos suavizantes
e a de resinas milagrosas
repleta de pesados ramos
e de gargantas melodiosas;

torna-me doador opulento,
faze-me como tu fecundo:
o coração e o pensamento
me sejam vastos como o mundo.

Y todas las actividades
no lleguen nunca a fatigarme:
¡las magnas prodigalidades
salgan de mí sin agotarme!

Árbol donde es tan sosegada
la pulsación del existir,
y ves mis fuerzas la agitada
fiebre del mundo consumir:

hazme sereno, hazme sereno,
de la viril serenidad
que dio a los mármoles helenos
su soplo de divinidad.

Árbol que no eres otra cosa
que dulce entraña de mujer,
pues cada rama mece airosa
en cada leve nido un ser:

dame un follaje vasto y denso,
tanto como han de precisar
los que en el bosque humano, inmenso,
rama no hallaron para hogar!

Árbol que donde quiera aliente
tu cuerpo lleno de vigor,
levantarás invariablemente
el mismo gesto amparador:

haz que a través de todo estado
– niñez, vejez, placer, dolor –
levante mi alma un invariado
y universal gesto de amor.

E todas as atividades
não cheguem nunca a fatigar-me;
as magnas prodigalidades
surjam de mim sem esgotar-me.

Árvore, em que é tão sossegada
a pulsação do existir,
e vês meu alento a agitada
febre do mundo consumir;

faze-me sereno, sereno,
dessa viril serenidade
que deu aos mármores helenos
o seu sopro de divindade.

Tu que não és outra cousa
que doce entranha de mulher,
pois cada rama guarda airosa
em cada leve ninho um ser,

dá-me ramagem vasta e densa
tanto quanto hão de precisar
os que no bosque humano imenso
não tenham lenha para o lar.

Árvore que onde se levante
teu corpo cheio de vigor
assumes invariavelmente
o mesmo gesto protetor;

faze que ao longo dos estágios
da vida, no prazer, na dor,
minha alma assuma um invariado
e universal gesto de amor.

LA MEDIANOCHE

Fina, la medianoche.
Oigo los nudos del rosal:
la savia empuja subiendo a la rosa.

Oigo
las rayas quemadas del tigre
real: no le dejan dormir.

Oigo
la estrofa de uno,
y le crece en la noche
como la duna.

Oigo
a mi madre dormida
con dos alientos.
(Duermo yo en ella,
de cinco años.)

Oigo el Ródano
que baja y que me lleva como un padre
ciego de espuma ciega.

Y después nada oigo
sino que voy cayendo
en los muros de Arlès.
llenos de sol...

A MEIA-NOITE

Fina, a meia-noite.
Ouço os nós do rosal:
a seiva sobe dando impulso à rosa.

Ouço
as raias ardentes do tigre
real: não o deixam dormir.

Ouço
a estrofe de alguém
a crescer dentro da noite
como a duna.

Ouço
a minha mãe adormecida
com dois respiros
(Durmo em seu seio
aos cinco anos).

Ouço o Ródano
que baixa e me leva, pai
cego de espuma cega.

Nada mais ouço, após,
senão que vou tombando
entre os muros arlesianos
repletos de sol.

LA MUERTE-NIÑA
A Gonzalo Zaldumbide

En esa cueva nos nació,
y como nadie pensaría,
nació desnuda y pequeñita
como el pobre pichón de cría.

¡Tan entero que estaba el mundo!,
¡tan fuerte que era al mediodía!,
¡tan armado como la piña,
cierto del Dios que sostenía!

Alguno nuestro la pensó
como se piensa villanía;
la Tierra se lo consintió
y aquella cueva se le abría.

De aquel hoyo salió de pronto,
con esa carne de elegía;
salió tanteando y gateando
y apenas se la distinguía.

Con una piedra se aplastaba,
con el puño se la exprimía.
Se balanceaba como un junco
y con el viento se caía...

Me puse yo sobre el camino
para gritar a quien me oía:
"¡Es una muerte de dos años
que bien se muere todavía!"

Recios rapaces la encontraron,
a hembras fuertes cruzó la vía;
la miraron Nemrod y Ulises,
pero ninguno comprendía...

A MORTE MENINA

Foi nessa cova que nasceu
e como ninguém pensaria,
nasceu desnuda e pequenina
como um filhote de cria.

Tão inteiro estava o mundo!
Era tão forte ao meio-dia!
Tão armado como o ananás,
seguro do Deus que o provia.

Algum de nós a sustentou
como se fosse vilania.
E como a terra ia aprovando
aquela cova se lhe abria.

Daquela toca saiu logo
com essa carne de elegia;
saiu tateando e engatinhando;
e aos olhos mal se distinguia.

Uma pedrada a esfacelava,
uma punhada a desfazia.
Balançava-se como o junco
e com o vento leve caía.

Pus-me no meio do caminho
para gritar a quem me ouvia:
– É uma morte de dois anos
que vai morrendo, todavia.

Rijos rapazes a encontraram,
fêmeas fortes cruzou na via.
Nemrode e Ulisses a miraram,
entretanto nenhum compreendia.

TRADUÇÃO * HENRIQUETA LISBOA

Se envilecieron las mañanas.
torpe se hizo el mediodía;
cada sol aprendió su ocaso
y cada fuente su sequía.

La pradera aprendió el otoño
y la nieve su hipocresía,
la bestezuela su cansancio,
la carne de hombre su agonía.

Yo me entraba por casa y casa
y a todo hombre se lo decía:
"¡Es una muerte de siete años
que bien se muere todavía!"

Y dejé de gritar mi grito
cuando vi que se adormecían.
Ya tenían no sé qué dejo
y no sé qué melancolía...

Comenzamos a ser los reyes
que conocen postrimería
y la bestia o la criatura
que era la sierva nos hería.

Ahora el aliento se apartaba
y ahora la sangre se perdía,
y la canción de las mañanas
como cuerno se enronquecía.

La Muerte tenía treinta años,
ya nunca más se moriría,
y la segunda Tierra nuestra
iba abriendo su Epifanía.

Se lo cuento a los que han venido,
y se ríen con insanía:
"Yo soy de aquellas que bailaban
cuando la Muerte no nacía..."

Envileceram-se as manhãs,
tornou-se torpe o meio-dia;
cada sol aprendeu seu poente,
cada fonte a seca, à porfia.

A campina aprendeu o outono
e a neve sua hipocrisia;
o animal seu cansaço, a carne
do homem sua própria agonia.

Eu ia então de casa em casa
e a todos os homens dizia:
– É uma morte de sete anos
que vai morrendo, todavia.

E deixei de gritar meu grito
quando senti que adormeciam.
Já possuíam não sei que estigma
e não sei que melancolia.

Começamos a ser os reis
que conhecem o fim dos dias.
E essa fera ou essa criatura,
a que era a serva, nos feria.

Aqui o alento se esgotava,
aqui o sangue se perdia.
E a canção das manhãs, assim
como os búzios enrouquecia.

A Morte contava trinta anos
e já nunca mais morreria.
E eis que a segunda terra nossa
começou sua epifania.

Conto a todos os que chegaram
e riem-se de alma vazia:
– Eu sou das que bailavam quando
a Morte ainda não nascia...

BEBER

Al doctor Pedro de Alba

Recuerdo gestos de criaturas
y son gestos de darme el agua.

En el valle de Río Blanco,
en donde nace el Aconcagua,
llegué a beber, salté a beber
en el fuete de una cascada,
que caía crinada y dura
y se rompía yerta y blanca.
Pegué mi boca al hervidero,
y me quemaba el agua santa,
y tres días sangró mi boca
de aquel sorbo del Aconcagua.

En el campo de Mitla, un día
de cigarras, de sol, de marcha,
me doblé a un pozo y vino un indio
a sostenerme sobre el agua,
y mi cabeza, como un fruto,
estaba dentro de sus palmas.
Bebía yo lo que bebía,
que era su cara con mi cara,
y en un relámpago yo supe
carne de Mitla ser mi casta.

En la isla de Puerto Rico,
a la siesta de azul colmada,
mi cuerpo quieto, las olas locas,
y como cien madres las palmas,
rompió una niña por donaire
junto a mi boca un coco de agua,
y yo bebí, como una hija,
agua de madre, agua de palma.
Y más dulzura no he bebido
con el cuerpo ni con el alma.

BEBER

Recordo gestos de criaturas
– gestos com que me deram água.

No vale do Rio Branco,
lá onde nasce o Aconcágua,
cheguei, desci para beber
no jorro de uma cascata
que tombava copada e dura
e se rompia tesa e branca.
Juntei a boca ao fervedouro
e queimava-me a água sagrada,
e três dias sangrou-me a boca
daquele sorvo do Aconcágua.

No campo de Mitla, um dia
de cigarras, de sol, de marcha,
dobrei-me sobre um poço, e um índio
sustentou-me por sobre as águas;
minha cabeça como um fruto
dentro de suas mãos estava;
bebia eu o que bebia
que era seu rosto com meu rosto;
e num instante percebi:
era idêntica a nossa casta.

Lá na ilha de Porto Rico,
numa sesta plena de azul,
meu corpo quieto, as ondas loucas
e como cem mães as palmeiras,
rompeu graciosa uma menina
na minha boca um coco de água;
e então bebi, como uma filha,
água materna, água de palma.
Nunca bebi tanta doçura
com o corpo nem sequer com a alma.

TRADUÇÃO ✳ HENRIQUETA LISBOA

A la casa de mis niñeces
mi madre me llevaba el agua.
Entre un sorbo y el otro sorbo
la veía sobre la jarra.
La cabeza más se subía
y la jarra más se abajaba.

Todavía yo tengo el valle,
tengo mi sed y su mirada.
Será esto la eternidad
que aún estamos como estábamos.

Recuerdo gestos de criaturas
y son gestos de darme el agua.

Na casa onde passei a infância
minha mãe matava-me a sede.
Entre um sorvo de água e outro sorvo
eu a via por sobre o jarro.
A cabeça sempre mais alta
e na frente o jarro mais baixo.

Ainda hoje contemplo o vale,
guardo a sede, seus olhos vejo.
Talvez seja isto a eternidade:
estarmos sempre como estávamos.

Recordo gestos de criaturas
– gestos com que me deram água.

PAÍS DE LA AUSENCIA

A Ribeiro Couto

País de la ausencia,
extraño país,
más ligero que ángel
y seña sutil,
color de alga muerta,
color de neblí,
con edad de siempre,
sin edad feliz.

No echa granada,
no cría jazmín,
y no tiene cielos
ni mares de añil.
Nombre suyo, nombre,
nunca se lo oí,
y en país sin nombre
me voy a morir.

Ni puente ni barca
me trajo hasta aquí,
no me lo contaron
por isla o país.
Yo no lo buscaba
ni lo descubrí.

Parece una fábula
que yo me aprendí,
sueño de tomar
y de desasir.
Y es mi patria donde
vivir y morir.

PAÍS DA AUSÊNCIA

É o país da ausência
estranho país,
mais leve do que anjo
e indício sutil,
cor de alga em desmaio
e ave peregrina,
com a idade de sempre
mas nunca feliz.

Jamais oferece
romã ou jasmim;
não tem claros céus
nem mares de anil;
entre outros, seu nome
de ninguém o ouvi.
Em país sem nome
vou por fim dormir.

Nem ponte nem barca
me trouxe até aqui;
nunca me falaram
sobre este país;
eu não o buscava
nem o descobri.

Parece uma fábula
que eu mesma teci;
sonho de tomar
e de desistir;
pátria onde se encontram
minha morte e vida.

TRADUÇÃO ✶ HENRIQUETA LISBOA

Me nació de cosas
que no son país;
de patrias y patrias
que tuve y perdí;
de las criaturas
que yo vi morir;
de lo que era mío
y se fue de mí.

Perdí cordilleras
en donde dormí;
perdí huertos de oro
dulces de vivir;
perdí yo las islas
de caña y añil,
y las sombras de ellos
me las vi ceñir
y juntas y amantes
hacerse país.

Guedejas de nieblas
sin dorso y cerviz,
alientos dormidos
me los vi seguir,
y en años errantes
volverse país,
y en país sin nombre
me voy a morir.

Nasceu-me de cousas
que não são país:
de pátrias e pátrias
que tive e perdi;
de muitas criaturas
que morrerem vi;
de quanto era meu
e se foi de mim.

Perdi cordilheiras
onde me detive;
pomares com frutos
de suave delícia;
ilhas, canaviais
de verdes matizes;
tudo isso, com as sombras
a se confundirem
cerradas e amantes,
tornou-se país.

Cabelos de névoa
sem dorso e cerviz,
alentos de outrora
sempre a me seguirem
por percursos longos
viraram país.
Em país sem nome
vou por fim dormir.

POETA

A Antonio Aita

"En la luz del mundo
yo me he confundido.
Era pura danza
de peces benditos,
y jugué con todo
el azogue vivo.
Cuando la luz dejo,
quedan peces lívidos
y a la luz frenética
vuelvo enloquecido."

"En la red que llaman
la noche fui herido,
en nudos de Osas
y luceros vivos.
Yo le amaba el coso
de lanzas y brillos,
hasta que por red
me la he conocido
que pescaba presa
para los abismos."

"En mi propia carne
también me he afligido.
Debajo del pecho
me daba un vagido.
Y partí mi cuerpo
como un enemigo,
para recoger
entero el gemido."

POETA

"Na luz do universo
eu me confundi.
Era pura dança
de peixes benditos.
Recreei-me com
todo o azougue vivo.
Quando deixo a luz
quedam peixes lívidos
e à luz frenética
volto enlouquecido."

"Na rede que chamam
noite, fui ferido
em vínculos de Ursas
e luzeiros vivos.
Eu amava a arena
de lanças e ristes,
até que a urdidura
lhe reconheci:
rede que pescava
presas para o abismo."

"Nas próprias entranhas
também me afligi.
No fundo do peito
sentia um vagido.
E rompi meu corpo
como um inimigo
para recolher
inteiro o gemido."

"En límite y límite
que toqué fui herido.
Los tomé por pájaros
del mar, blanquecinos.
Puntos cardinales
son cuatro delirios...
Los anchos alciones
no traigo cautivos
y el morado vértigo
fue lo recogido."

"En los filos altos
del alma he vivido:
donde ella espejea
de luz y cuchillos,
en tremendo amor
y en salvaje ímpetu,
en grande esperanza
y en rasado hastío.
Y por las cimeras
del alma fui herido."

"Y ahora me llega
del mar de mi olvido
ademán y seña
de mi Jesucristo
que, como en la fábula,
el último vino,
y en redes ni cáñamos
ni lazos me ha herido."

"Y me doy entero
al Dueño divino
que me lleva como
un viento o un río,
y más que un abrazo
me lleva ceñido,
en una carrera
en que nos decimos
nada más que "¡Padre!"
y nada más que "¡Hijo!"

"Nos limites vários
que toquei, feri-me.
Tomei-os por pássaros
marítimos, níveos.
Os pontos cardeais
são quatro delírios.
Os grandes alciões
não trago cativos.
Recolhi apenas
rubor e vertigem."

"Nos âmbitos da alma
eu tenho vivido:
onde ela cintila
de luz e de espadas
em tremendo amor
e selvagem ímpeto,
em grande esperança
e tédio e fadiga.
E pelas cumeadas
da alma, fui ferido."

"E agora me chega
do oceano do olvido
apelo e sinal
do meu Jesus Cristo
que, como na fábula,
só veio no fim
e em redes nem cânhamos
preso, não me quis."

"Inteiro me entrego
ao Dono Divino
que me leva como
um vento ou um rio,
e mais que um abraço
guarda-me cingido
em uma carreira
em que só dizemos
a palavra – Pai
e a palavra – Filho."

TRADUÇÃO ✳ HENRIQUETA LISBOA

PUERTAS

Entre los gestos del mundo
recibí el que dan las puertas.
En la luz yo las he visto
o selladas o entreabiertas
y volviendo sus espaldas
del color de la vulpeja.
¿Por qué fue que las hicimos
para ser sus prisioneras?

Del gran fruto de la casa
son la cáscara avarienta.
El fuego amigo que gozan
a la ruta no lo prestan.
Canto que adentro cantamos
lo sofocan sus maderas
y a su dicha no convidan
como la granada abierta:
¡Sibilas llenas de polvo,
nunca mozas, nacidas viejas!

Parecen tristes moluscos
sin marea y sin arenas.
Parecen, en lo ceñudo,
la nube de la tormenta.
A las sayas verticales
de la Muerte se asemejan
y yo las abro y las paso
como la caña que tiembla.

"¡No!", dicen a las mañanas
aunque las bañen, las tiernas.
Dicen "¡No!" al viento marino
que en su frente palmotea
y al olor de pinos nuevos
que se viene por la Sierra.
Y lo mismo que Casandra,
no salvan aunque bien sepan:
porque mi duro destino
él también pasó mi puerta.

PORTAS

Por entre os gestos do mundo
guardo os que me vêm das portas.
Na luz eu as tenho visto
fechadas ou semiabertas,
por vezes voltando as costas
da mesma cor da raposa.
Mas por que foi que as fizemos
para ser seus prisioneiros?

Da grande fruta da casa
são o envólucro avarento.
Fogo amigo de que gozam
à estrada não o emprestam;
canto que dentro cantamos
sufocam-no com a madeira;
e à alegria não convidam
como a romã entreaberta:
sibilas plenas de poeira,
não jovens, nascidas velhas.

Parecem tristes moluscos
sem marés e sem areias.
Lembram, pelo sobrecenho,
umas nuvens de tormenta.
E às túnicas verticais
da Morte elas se assemelham.
E eu, quando as abro e transponho,
sou como a cana que treme.

Não! é o que dizem às ternas
manhãs quando estas as banham;
também ao vento marinho
que em frente lhes bate palmas;
e ao olor de pinhos novos
que vem chegando da serra.
Elas recordam Cassandra,
não salvam inda que saibam:
pois esse duro destino
transpôs a minha soleira.

TRADUÇÃO ✳ HENRIQUETA LISBOA

Cuando golpeo me turban
igual que la vez primera.
El seco dintel da luces
como la espada despierta
y los batientes se avivan
en escapadas gacelas.
Entro como quien levanta
paño de cara encubierta,
sin saber lo que me tiene
mi casa de angosta almendra
y pregunto si me aguarda
mi salvación o mi pérdida.

Ya quiero irme y dejar
el sobrehaz de la Tierra,
el horizonte que acaba
como un ciervo, de tristeza,
y las puertas de los hombres
selladas como cisternas.
Por no voltear en la mano
sus llaves de anguilas muertas
y no oírles más el crótalo
que me sigue la carrera.

Voy a cruzar sin gemido
la última vez por ellas
y a alejarme tan gloriosa
como la esclava liberta,
siguiendo el cardumen vivo
de mis muertos que me llevan.
No estarán allá rayados
por cubo y cubo de puertas
ni ofendidos por sus muros
como el herido en sus vendas.

Vendrán a mí sin embozo,
oreados de luz eterna.
Cantaremos a mitad
de los cielos y la tierra.
Con el canto apasionado

Sinto, quando bato à porta,
a emoção da vez primeira.
O seco vitral de luzes
feito espada sempre alerta
e os batentes se reavivam
em fugitivas gazelas.
Entro como quem levanta
pano de rosto encoberto,
sem saber o que reserva
a minha casa, de amêndoa,
e pergunto se me aguarda
minha salvação ou perda.

Quero ir-me e abandonar
a sobreface da terra,
o horizonte que termina
como um cervo, de tristeza,
mais essas portas dos homens,
seladas como cisternas;
para não rodar nas mãos
as chaves, enguias mortas,
nem ouvir-lhes mais o crótalo
que me acompanha a carreira.

Vou cruzar sem um gemido
a última vez por elas
e a distanciar-me gloriosa
tal como a escrava liberta,
seguindo o cardume vivo
dos meus mortos que me levam.
Não estarão limitados
por cubo e cubo de portas,
nem ofendidos por muros
ou vendas no ferimento.

Virão a mim sem embuço
lavados de luz eterna.
Cantaremos na metade
dos céus azuis e da terra.
Com o cântico apaixonado

haremos caer las puertas
y saldrán de ellas los hombres
como niños que despiertan
al oír que se descuajan
y que van cayendo muertas.

faremos cair as portas
e delas sairão os homens
como crianças que despertam,
ao ouvir que se esboroam
e que vão caindo mortas.

LA CABALGATA

A don Carlos Silva Vildósola

Pasa por nuestra Tierra
la vieja Cabalgata,
partiéndose la noche
en una pulpa clara
y cayendo los montes
en el pecho del alba.

Con el vuelo remado
de los petreles pasa,
o en un silencio como
de antorcha sofocada.
Pasa en un dardo blanco
la eterna Cabalgata...

Pasa, única y legión,
en cuchillada blanca,
sobre la noche experta
de carne desvelada.
Pasa si no la ven,
y si la esperan, pasa.

Se leen las Eneidas,
se cuentan Ramayanas,
se llora el Viracocha
y se remonta al Maya,
y madura la vida
mientras su río pasa.

A CAVALGADA

Passa por nossa terra
a velha Cavalgada
partindo meio a meio
a noite em polpa clara
e derrubando os montes
por sobre o peito da alba.

Com o voo dos petréis
remando as asas, passa,
num silêncio que lembra
uma tocha asfixiada.
Passa num dardo branco
a eterna Cavalgada.

Passa, única e legião,
em punhalada branca
sobre a noite desperta
de carne desvelada.
Passa se não a veem,
se acaso a esperam, passa.

Estudam-se as Eneidas,
contam-se os Ramaianas,
chora-se el Viracocha,
rememoram-se os Maias:
enquanto amadurece
a vida, o rio passa.

Las ciudades se secan
como piel de alimaña
y el bosque se nos dobla
como avena majada,
si olvida su camino
la vieja Cabalgata...
A veces por el aire
o por la gran llanada,
a veces por el tuétano
de Ceres subterránea,
a veces solamente
por las crestas del alma,
pasa, en caliente silbo,
la santa Cabalgata...

Como una vena abierta
desde las solfataras,
como un repecho de humo,
como un despeño de aguas,
pasa, cuando la noche
se rompe en pulpas claras.

Oír, oír, oír,
la noche como valva,
con ijar de lebrel
o vista acornejada,
y temblar y ser fiel,
esperando hasta el alba.

La noche ahora es fina,
es estricta y delgada.
El cielo agudo punza
lo mismo que la daga
y aguija a los dormidos
la tensa Vía Láctea.

Cidades se encarquilham
como crosta de víbora
e se abatem os bosques
como aveia pisada,
se esquece o seu caminho
a velha Cavalgada.
Às vezes pelos ares,
pelas grandes planuras,
às vezes pela entranha
de Ceres subterrânea,
às vezes tão somente
pelos píncaros da alma,
passa em cálido silvo
a santa Cavalgada.

Como uma veia aberta
de fundas solfataras,
como um jato de fumo
ou uma queda de águas,
passa na hora em que a noite
se rompe em polpas claras.

Ouvir, ouvir, ouvir
a noite como valva
com flanco de lebrel
e com olhos rapaces
e tremer e ser fiel
esperando a alvorada.

A noite agora é fina,
angustiosa e delgada.
O céu agudo fere
semelhante a uma daga.
E aguilhoa os que dormem
a tensa via-láctea.

Se viene por la noche
como un comienzo de aria;
se allegan unas vivas
trabazones de alas.
Me da en la cara un alto
muro de marejada,
y saltan, como un hijo,
contentas, mis entrañas.

Soy vieja; amé los héroes
y nunca vi su cara;
por hambre de su carne
yo he comido en las fábulas.

Ahora despierto a un niño
y destapo su cara,
y lo saco desnudo
a la noche delgada,
y lo hondeo en el aire
mientras el río pasa,
porque lo tome y lleve
la vieja Cabalgata...

Chega através da noite
o prenúncio de uma ária.
Entrechocam-se vivos
enlaçamentos de asas.
Batem-me contra o rosto
moles de marejada.
E alegres como um filho
minhas entranhas saltam.

Envelheci. Jamais
vi os heróis – que amei.
Foi por fome de heróis
que devorei as fábulas.

Acordo hoje um menino,
o seu rosto desvendo,
apresento-o desnudo
à alta noite delgada,
e aos ares o arremesso
enquanto o rio passa,
para que o tome e leve
a velha Cavalgada.

LA BAILARINA

La bailarina ahora está danzando
la danza del perder cuanto tenía.
Deja caer todo lo que ella había,
padres y hermanos, huertos y campiñas,
el rumor de su río, los caminos,
el cuento de su hogar, su propio rostro
y su nombre, y los juegos de su infancia
como quien deja todo lo que tuvo
caer de cuello, de seno y de alma.

En el filo del día y el solsticio
baila riendo su cabal despojo.
Lo que avientan sus brazos es el mundo
que ama y detesta, que sonríe y mata,
la tierra puesta a vendimia de sangre
la noche de los hartos que no duermen
y la dentera del que no ha posada.

Sin nombre, raza ni credo, desnuda
de todo y de sí misma, da su entrega,
hermosa y pura, de pies voladores.
Sacudida como árbol y en el centro
de la tornada, vuelta testimonio.

No está danzando el vuelo de albatroses
salpicados de sal y juegos de olas;
tampoco el alzamiento y la derrota
de los cañaverales fustigados.
Tampoco el viento agitador de velas,
ni la sonrisa de las altas hierbas.

El nombre no le den de su bautismo.
Se soltó de su casta y de su carne
sumío la canturía de su sangre
y la balada de su adolescencia.

A BAILARINA

A bailarina agora está dançando
a dança de perder quanto possuía.
Deixa cair tudo o que nela havia,
seus pais e irmãos, pomares e campinas,
o rumor de seus rios, os caminhos,
o conto de seu lar, o próprio rosto,
seu nome e seus brinquedos infantis,
como quem deixa tudo quanto teve
tombar de seio, de regaço e de alma.

Na lâmina do dia e do solstício
baila sorrindo seu despojamento.
O que atiram seus braços é esse mundo
que ama e detesta, que seduz e mata,
a terra que se apresta a colher sangue,
a noite dos saciados que não dormem
e o mal-estar dos que não têm pousada.

Sem nome, raça ou credo, desnudada
de tudo e de si mesma, ela se entrega
pura e formosa, com seus pés voadores,
sacudida como árvore e no centro
do redemoinho, feita testemunho.

Não está dançando o voo de albatrozes
salpicados de sal e jogos de ondas;
tampouco os alçamentos e a derrota
dos canaviais com força fustigados;
tampouco o vento agitador de velas,
nem o sorriso dos mais altos caules.

Não lhe deem o nome de batismo.
Soltou-se de sua estirpe e sua carne,
sufocou a cantiga de seu sangue
e a balada de sua adolescência.

TRADUÇÃO ∗ HENRIQUETA LISBOA

Sin saberlo le echamos nuestras vidas
como una roja veste envenenada
y baila así mordida de serpientes
que alácritas y libres la repechan,
y la dejan caer en estandarte
vencido o en guirnalda hecha pedazos.

Sonámbula, mudada en lo que odia,
sigue danzando sin saberse ajena
sus muecas aventando y recogiendo
jardeadora de nuestro jadeo,
cortando el aire que no la refresca
única y torbellino, vil y pura.

Somos nosotros su jadeado pecho,
su palidez exangüe, el loco grito
tirado hacia el poniente y el levante
la roja calentura de sus venas,
el olvido de Dios de sus infancias.

Sem saber, nossas vidas lhe atiramos
como escarlate veste envenenada;
e baila assim mordida de serpentes
que alacremente e livremente a atingem
e fazem-na cair em estandarte
vencido ou em grinalda espedaçada.

Sonâmbula, mudada no que odeia,
sem saber de si mesma dança, alheia,
seus gestos distribuindo e recolhendo,
portadora de nossos estertores,
cortando os ares que não mais refrescam,
única e torvelinho, vil e isenta.

Ah! somos nós seu ofegante peito,
sua etérea palidez, o louco grito
lançado para poentes e nascentes,
o violáceo calor de suas veias
o abandono de Deus de sua infância.

CONFESIÓN

I

Pende en la comisura de tu boca,
pende tu confesión, y yo la veo:
casi cae a mis manos.

Di tu confesión, hombre de pecado,
triste de pecado, sin paso alegre,
sin voz de álamos, lejano de los que amas,
por la culpa que no se rasga como el fruto.

Tu madre es menos vieja
que la que te oye, y tu niño es tan tierno
que lo quemas como un helecho si se la dices.

Yo soy vieja como las piedras para oírte,
profunda como el musgo de cuarenta años,
para oírte;
con el rostro sin asombro y sin cólera,
cargado de piedad desde hace muchas vidas,
para oírte.

Dame los años que tú quieras darme,
y han de ser menos de los que yo tengo,
porque otros ya, también sobre esta arena,
me entregaron las cosas que no se oyen en vano,
y la piedad envejece como el llanto
y engruesa el corazón como el viento a la duna.

Di la confesión para irme con ella
y dejarte puro.
No volverás a ver a la que miras
ni oirás más la voz que te contesta;
pero serás ligero como antes
al bajar las pendientes y al subir las colinas,
y besarás de nuevo sin zozobra
y jugarás con tu hijo en unas peñas de oro.

CONFISSÃO

I

Pende na comissura de teus lábios
tua confissão, é visível:
quase me cai nas mãos.

Confessa-te, homem de pecado,
triste de haver pecado, sem alento,
sem voz de álamos, longe dos que amas,
pela culpa que não se rasga como o fruto.

Tua mãe é menos velha
da que te ouve e teu filho é tão tenro
que a confidência o queimaria como a um germe.

Sou velha como as pedras para ouvir-te,
profunda como o musgo de quarenta anos
para ouvir-te;
com o rosto sem assombro e sem cólera,
cheia de compaixão desde outras vidas
para ouvir-te.

A idade que me deres
será menor que a verdadeira,
porque outros mais nessas areias
me falaram do que não se ouve em vão.
A piedade envelhece como o pranto
e engrossa o coração como os ventos à duna.

A tua confissão irá comigo
e puro ficarás.
Não tornarás a ver a que te olha
nem a ouvir a voz que te contesta;
porém serás leve como antes
ao baixar os declives e ao subir as colinas,
e beijarás de novo sem angústia
e com teu filho brincarás em penhas de ouro.

II

Ahora tú echa yemas y vive
días nuevos y que te ayude el mar con yodos.
No cantes más canciones que supiste
y no mientes los pueblos ni los valles
que conocías, ni sus criaturas.
¡Vuelve a ser el delfín y el buen petrel
loco de mar y el barco empavesado!

Pero siéntate un día
en otra duna, al sol, como me hallaste,
cuando tu hijo tenga ya treinta años,
y oye al otro que llega,
cargado como de alga el borde de la boca.
Pregúntale también con la cabeza baja,
y después no preguntes, sino escucha
tres días y tres noches.
¡Y recibe su culpa como ropas
cargadas de sudor y de vergüenza,
sobre tus dos rodillas!

II

Agora solta as algemas e vive
dias novos e que te ajude o mar com iodo.
Não cantes mais as canções que sabias
e não recordes os povoados nem os vales
que conhecias nem seus habitantes.
Volve a ser o delfim e o bom petrel
louco de mar e barco engalanado.

Porém senta-te um dia
em outra duna ao sol como me achaste,
quando teu filho tenha já trinta anos;
e atenta para o que chega,
repleto como de alga o rebordo da boca.
Pergunta-lhe também de cabeça baixa
e depois não perguntes mas escuta
três dias e três noites.
E recebe-lhe a culpa como roupas
carregadas de suor e de vergonha
sobre teus joelhos.

LÁPIDA FILIAL

Apegada a la seca fisura
del nicho, déjame que te diga:
– Amados pechos que me nutrieron
con una leche más que otra viva;
parados ojos que me miraron
con tal mirada que me ceñía;
regazo ancho que calentó
con una hornaza que no se enfría;
mano pequeña que me tocaba
con un contacto que me fundía:
¡resucitad, resucitad,
si existe la hora, si es cierto el día,
para que Cristo os reconozca
y a otro país deis alegría,
para que pague ya mi Arcángel
formas y sangre y leche mía,
y que por fin os recupere
la vasta y santa sinfonía
de viejas madres: la Macabea,
Ana, Isabel, Lía y Raquel!

LÁPIDE FILIAL

Apoiada na seca frincha
do teu nicho venho dizer-te:
caros peitos que me nutriram
com um leite mais do que outro, vivo;
quietos olhos que me fitavam
com olhares que me cingiam;
amplo colo que me aqueceu
com uma chama que não se esfria
pequena mão que me tocava
com um contato que me fundia:
ressuscitai, ressuscitai,
se existe a hora e é certo o dia,
para que Cristo vos reconheça
e a outro país deis alegria,
para que pague meu Arcanjo
o sangue, o leite e as formas minhas,
e que por fim vos recupere
a vasta e santa sinfonia
de velhas mães: a Macabeia,
Ana, Isabel, Raquel e Lia.

LA FUGA

Madre mía, en el sueño
ando por paisajes cardenosos:
un monte negro que se contornea
siempre, para alcanzar el otro monte;
y en el que sigue estás tú vagamente,
pero siempre hay otro monte redondo
que circundar, para pagar el paso
al monte de tu gozo y de mi gozo.

Mas, a trechos tú misma vas haciendo
el camino de juegos y de expolios.
Vamos las dos sintiéndonos, sabiéndonos,
mas no podemos vernos en los ojos,
y no podemos trocarnos palabra,
cual la Euridice y el Orfeo solos,
las dos cumpliendo un voto o un castigo,
ambas con pies y con acento rotos.

Pero a veces no vas al lado mío:
te llevo en mí, en un peso angustioso
y amoroso a la vez, como pobre hijo
galeoto a su padre galeoto,
y hay que enhebrar los cerros repetidos,
sin decir el secreto doloroso:
que yo te llevo hurtada a dioses crueles
y que vamos a un Dios que es de nosotros.

Y otras veces ni estás cerro adelante,
ni vas conmigo, ni vas en mi soplo:
te has disuelto con niebla en las montañas
te has cedido al paisaje cardenoso.
Y me das unas voces de sarcasmo
desde tres puntos, y en dolor me rompo,
porque mi cuerpo es uno, el que me diste,
y tú eres un agua de cien ojos,
y eres un paisaje de mil brazos,
nunca más lo que son los amorosos:
un pecho vivo sobre un pecho vivo,
nudo de bronce ablandado en sollozo.

A FUGA

Minha mãe, ando em sonho
por paisagens agrestes:
um monte negro que se contorna
sempre, para alcançar um outro;
e no seguinte vagamente estás;
porém há sempre um novo monte
que circundar para a aproximação
do monte de teu gozo e de meu gozo.

Mas aos poucos tu mesma vais fazendo
o caminho de jogos e de espólios.
Vamos ambas sentindo-nos, sabendo-nos,
porém não nos podemos ver nos olhos
e nem trocar palavra,
qual Eurídice e Orfeu na solidão,
ambas cumprindo votos ou castigo,
com a voz entrecortada e os pés feridos.

Porém às vezes não te sinto ao lado:
levo-te em mim com amorosa angústia,
como carrega o pobre filho
condenado às galés ao pai galeote;
e cerros vários há que atravessar
sem dizer o segredo doloroso:
que te levo roubada a deuses cruéis
e que vamos até um deus que é o nosso.

Às vezes não estás no cerro adiante,
não vais comigo nem te sinto no hausto;
nas montanhas com a névoa te dissolves
à paisagem de cardos te incorporas.
E em tom sarcástico me falas
de três pontos e em dor me dilacero,
porque é meu corpo o mesmo que me deste
e tu és água de cem olhos,
tu és paisagem de mil braços,
nunca mais com o aspecto de amorosos:
um peito vivo contra um peito vivo,
nó de bronze abrandado no soluço.

TRADUÇÃO ✳ HENRIQUETA LISBOA

Y nunca estamos, nunca nos quedamos,
como dicen que quedan los gloriosos,
delante de su Dios, en dos anillos
de luz o en dos medallones absortos,
ensartados en un rayo de gloria
o acostados en un cauce de oro.

O te busco, y no sabes que te busco,
o vas conmigo, y no te veo el rostro;
o vas en mí por terrible convenio,
sin responderme con tu cuerpo sordo,
siempre por el rosario de los cerros,
que cobran sangre para entregar gozo,
y hacen danzar en torno a cada uno,
¡hasta el momento de la sien ardiendo,
del cascabel de la antigua demencia
y de la trampa en el vórtice rojo!

E nunca estamos, nunca nos quedamos
como quedam os bem-aventurados
diante de Deus, em dois anéis de luz
ou em duas medalhas engastados
entre raios de glória
ou reclinados em um álveo de ouro.

Busco-te e não percebes que te busco,
estás comigo e não te vejo o rosto,
ou vais então em mim por terrível convênio
sem responder-me com teu corpo surdo,
sempre pelo rosário das colinas
que cobram sangue em troca de deleite
e que fazem dançar ao seu redor
até o instante do queimor das têmporas
dos guizos da demência antiga
e da cilada sobre o rubro vórtice.

NOCTURNO DE LOS TEJEDORES VIEJOS

Se acabaron los días divinos
de la danza delante del mar,
y passaron las siestas del viento
con aroma de polen y sal,
y las otras en trigos dormidas
con nidal de paloma torcaz.

Tan lejanos se encuentran los años
de los panes de harina candeal
disfrutados en mesa de pino,
que negamos, mejor, su verdad,
y decimos que siempre estuvieron
nuestras vidas lo mismo que están,
y vendemos la blanca memoria
que dejamos tendida al umbral.

Han llegado los días ceñidos
como el puño de Salmanazar.
Llueve tanta ceniza nutrida
que la carne es su propio sayal.
Retiraron los mazos de lino
y se escarda, sin nunca acabar,
un esparto que no es de los valles
porque es hebra de hilado metal...

Nos callamos las horas y el día
sin querer la faena nombrar,
cual se callan remeros muy pálidos
los tifones, y el boga, el caimán,
porque el nombre no nutra al Destino,
y sin nombre, se pueda matar.

Pero cuando la frente enderézase
de la prueba que no han de apurar,
al mirarnos, los ojos se truecan
la palabra en el iris leal,
y bajamos los ojos de nuevo,
como el jarro al brocal contumaz,
desolados de haber aprendido
con el nombre la cifra letal.

NOTURNO DOS VELHOS TECEDORES

Acabaram-se os dias divinos
do bailado diante do mar,
e passaram as sestas do vento
com aroma de pólen e sal,
e outras sestas dormidas em trigos
com seus ninhos de pomba torcaz.

Tão distantes se encontram os anos
desses pães de farinha candial
desfrutados em mesa de pinho,
que negamos melhor a verdade
e dizemos que sempre estiveram
nossas vidas tais quais no presente,
e vendemos a branca memória
que largada deixamos no umbral.

Já chegaram os dias cingidos
como o punho de Salmanazar.
Chove cinza porém tão nutrida
que é de carne seu próprio saial.
Retiraram os molhos de linho
e se escarda sem não acabar
uma fibra porém não dos vales
porque é tela de fino metal.

Silenciamos as horas e os dias
sem querer o trabalho nomear:
o remeiro à tormenta se cala,
mais o peixe se encontra o caimão,
por que o nome não nutra o destino
e sem nome se possa matar.

Porém quando se aprumam as frontes
do penhor que não hão de apurar,
nossos olhos revelam pela íris
mais lealdade que a própria palavra.
E de novo baixamos os olhos
como o jarro à cisterna de sempre,
desolados de haver aprendido
junto ao nome uma cifra letal.

TRADUÇÃO * HENRIQUETA LISBOA

Los precitos contemplan la llama
que hace dalias y fucsias girar;
los forzados, como una cometa,
bajan y alzan su "nunca jamás".
Mas nosotros tan sólo tenemos,
para juego de nuestro mirar,
grecas lentas que dan nuestras manos,
golondrinas – al muro de cal,
remos negros que siempre jadean
y que nunca rematan el mar.

Prodigiosas las dulces espaldas
que se olvidan de se enderezar,
que obedientes cargaron los linos
y obedientes la leña mortal,
porque nunca han sabido de dónde
fueron hechas y a qué volverán.

¡Pobre cuerpo que todo ha aprendido
de sus padres José e Isaac,
y fantásticas manos leales,
las que tejen sin ver ni contar,
ni medir paño y paño cumplido,
preguntando si basta o si es más!

Levantando la blanca cabeza
ensayamos tal vez preguntar
de qué ofensa callada ofendimos
a un demiurgo al que se ha de aplacar,
como leños de hoguera que odiasen
el arder, sin saberse apagar.

Humildad de tejer esta túnica
para un dorso sin nombre ni faz,
y dolor el que escucha en la noche
toda carne de Cristo arribar,
recibir el telar que es de piedra
y la Casa que es de eternidad.

Os precitos contemplam a chama
que faz dálias e fúcsias girarem;
os galés como estrelas cadentes
baixam e alçam seu "nunca jamais".
Nós apenas podemos mirar,
para jogo de nossos sentidos,
gregas lentas que dão nossas mãos
– andorinhas – ao muro de cal,
remos negros de alento perdido
e que atravessam o mar.

Prodigiosas as doces espaldas
que se olvidam de se endireitarem,
que obedientes carregam os linhos
e obedientes, a lenha mortal,
porque nunca souberam nem onde
foram feitas e a que volverão.

Pobre corpo que tudo aprendeu
de seus pais Isaac e José,
e fantásticos dedos leais,
os que tecem sem ver nem contar
nem medir o tecido já feito
perguntando se basta ou não basta.

Levantando a cabeça grisalha
ensaiamos talvez indagar
de que ofensa calada ofendemos
a um demiurgo que se há de aplacar,
como cepos ao fogo que odiassem
seu queimor sem poder apagá-lo.

Mansidão de tecer essa túnica
para um dorso sem nome nem face;
sofrimento, o que escuta na noite
toda carne de Cristo chegar,
receber o tear que é de pedra
e a morada de cunho imortal.

NOCTURNO DE LA CONSUMACIÓN

A Waldo Frank

Te olvidaste del rostro que hiciste
en un valle a una oscura mujer;
olvidaste entre todas tus formas
mi alzadura de lento ciprés;
cabras vivas, vicuñas doradas
te cubrieron la triste y la fiel.

Te han tapado mi cara rendida
las criaturas que te hacen tropel;
te han borrado mis hombros las dunas
y mi frente algarrobo y maitén.
Cuantas cosas gloriosas hiciste
te han cubierto a la pobre mujer.

Como Tú me pusiste en la boca
la canción por la sola merced;
como Tú me enseñaste este modo
de estirarte mi esponja con hiel,
yo me pongo a cantar tus olvidos,
por hincarte mi grito otra vez.

Yo te digo que me has olvidado
– pan de tierra de la insipidez,
leño triste que sobra en tus haces,
pez sombrío que afrenta la red.
Yo te digo con otro que "hay tiempo
de sembrar como de recoger".

No te cobro la inmensa promesa
de tu cielo en niveles de mies;
no te digo apetito de Arcángeles
ni Potencias que me hagan arder;
no te busco los prados de música
donde a tristes llevaste a pacer.

NOTURNO DA CONSUMAÇÃO

Olvidaste o rosto que deste
num vale a uma obscura mulher;
olvidaste entre as tuas formas
meu porte de lento cipreste;
cabras vivas, louras vicunhas
esconderam-te a triste e fiel.

Taparam o meu rosto humilde
os seres que fazem tropel;
apagaram meus ombros as dunas,
minha fronte, as alfarrobeiras;
as tuas gloriosas criações
velaram-te a pobre mulher.

Como tu me favoreceste
com o único dom da canção
e me ensinaste essa maneira
de trazer a esponja com fel,
ergo meu cântico e meu grito
a fim de atingir-te outra vez.

Digo-te, sim, que me olvidaste
– pão de terra da insipidez,
lenho de sobra nos teus feixes,
peixe a enfrentar, sombrio, a rede.
Repito-te com o Poeta: – "Há tempo
de semear como de colher".

Não te cobro a imensa promessa
de teu céu em níveis de seara;
não evoco a fome de arcanjos
nem de potências em que arder;
não procuro os prados da música
onde apascentas a tristeza.

TRADUÇÃO ✳ HENRIQUETA LISBOA

Hace tanto que masco tinieblas,
que la dicha no sé reaprender;
tanto tiempo que piso las lavas
que olvidaron vellones los pies;
tantos años que muerdo el desierto
que mi patria se llama la Sed.

La oración de paloma zurita
ya no baja en mi pecho a beber;
la oración de colinas divinas,
se ha raído en la gran aridez,
y ahora tengo en la mano una nueva,
la más seca, ofrecida a mi Rey.

Dame Tú el acabar de la encina
en fogón que no deje la hez;
dame Tú el acabar del celaje
que su sol hizo y quiso perder;
dame el fin de la pobre medusa
que en la arena consuma su bien.

He aprendido un amor que es terrible
y que corta mi gozo a cercén;
he ganado el amor de la nada,
apetito del nunca volver,
voluntad de quedar con la tierra
mano a mano y mudez con mudez,
despojada de mi propio Padre,
rebanada de Jerusalem!

Mastigo há tanto tempo a treva
que a alegria não reconheço;
há tanto tempo piso as lavas
que a lã já não lembram meus pés;
mordo o deserto há tantos anos
que à minha pátria chamo Sede.

Prece de pomba juriti
não mais vem beber no meu peito;
a prece de excelsas colinas
desfibrou-se em grande aridez;
agora trago outra nas mãos,
a mais seca em oferta ao Rei.

Dá-me o perecer do carvalho
em fogão que não deixe cinza;
dá-me o crepúsculo das nuvens
que o sol coloriu e desfez;
dá-me o fim da pobre medusa
que na areia deixa seus bens.

Aprendi um amor terrível
que na raiz corta o prazer:
ganhei a volúpia do nada,
o desejo de não volver;
vontade de ficar com a terra,
mãos dadas, mudez com mudez,
perdida de meu próprio Pai,
ceifada de Jerusalém.

TRADUÇÃO ✳ HENRIQUETA LISBOA

Poemas em prosa

POEMA DE LA MADRE MÁS TRISTE

¿PARA QUÉ VINISTE?

¿Para qué viniste? Nadie te amará aunque eres hermoso, hijo mío. Aunque sonríes, como los demás ninõs, como el menor de mis hermanitos, no te besaré sino yo, hijo mío. Y aunque tus manitas se agiten buscando juguetes, no tendrás para tus juegos sino mi seno y la hebra de mi llanto, hijo mío.

¿Para qué viniste, si el que te trajo te odió al sentirte en mi vientre?

¡Pero no! Para mí viniste; para mí que estaba sola, hasta cuando me oprimía él entre sus brazos, hijo mío!

POEMA DA MÃE MAIS TRISTE

PARA QUE VIESTE?

Para que vieste? Ninguém te amará ainda que sejas lindo, filho meu. Ainda que sorrias, como as demais crianças, como o caçula de meus irmãos, só eu te beijarei, filho meu.

E ainda que se agitem tuas mãozinhas buscando brinquedos, não terás outros senão o meu colo e as meadas do meu pranto, filho meu.

Para que vieste, se aquele que te gerou odiou-te ao sentir-te em meu ventre?

Porém não. Para mim vieste, para mim que estava só, mesmo quando ele me apertava em seus braços, filho meu.

POEMAS DE LAS MADRES

LA DULZURA

Por el niño dormido que llevo, mi paso se ha vuelto sigiloso, y religioso mi corazón, desde que lleva misterio.

Mi voz es suave como por la sordina del amor, y es que temo despertarlo.

Con mis ojos busco ahora en los rostros el dolor de las entrañas, para que los demás miren y comprendan la causa de mi mejilla empalidecida.

Hurgo con miedo de ternura en las hierbas donde anidan codornices. Y voy por el campo cautelosamente: creo que árboles y cosas tienen hijos dormidos, sobre los que velan inclinados.

POEMAS DAS MÃES

A doçura

Pela criança dormida que levo, meu passo tornou-se sigiloso, e religioso meu coração, desde que leva mistério.

Minha voz é suave como pela surdina do amor, e é que temo despertá-la.

Com meus olhos procuro agora nos rostos a dor das entranhas para que os outros olhem e compreendam a causa da palidez de minhas faces.

De ternura removo com medo as plantas onde se aninham perdizes. E vou pelo campo cautelosamente: creio que árvores e cousas têm olhos adormecidos sobre os quais se inclinam em vigília.

Por él

Por él, por el que está adormecido, como hilo de agua bajo la hierba, no me dañéis, no me deis trabajos. Perdonádmelo todo: mi descontento de la mesa preparada y mi odio al ruido.

Me diréis los dolores de la casa, la pobreza y los afanes, cuando lo haya puesto en unos pañales.

En la frente, en el pecho, donde me toquéis, está él y lanzaría un gemido respondiendo a la herida.

Por ele

Por ele, por ele que está adormecido como fio de água
sob a relva, não me molesteis, não me deis trabalhos.
Perdoai-me tudo: meu descontentamento da mesa posta
e meu ódio ao ruído.

Contar-me-eis as dores da casa, a pobreza e os afãs,
quando o houver posto nuns tecidos.

Na fronte, no peito, onde me tocardes está ele e
lançaria um gemido em resposta ao ferimento.

Sabiduría

Ahora sé para qué he recibido veinte veranos la luz sobre mí y me ha sido dado cortar las flores por los campos. ¿Por qué, me decía en los días más bellos, este don maravilloso del sol cálido y de la hierba fresca?

Como el racimo azulado, me traspasó la luz para la dulzura que entregaría. Este que en el fondo de mí está haciéndose gota a gota de mis venas, este era mi vino.

Para este yo recé, por traspasar en nombre de Dios mi barro, con el que se haría. Y cuando leí un verso con pulsos trémulos, para él, me quemó como una brasa la belleza, por que recoja de mi carne su ardor inextinguible.

SABEDORIA

Agora sei por que tive sobre mim, vinte vezes, a luz do verão e por que me foi dado apanhar flores pelos campos. Por que, pensava nos dias mais belos, esse dom maravilhoso do sol cálido e da relva fresca?

Como o azulado galho de uvas, trespassou-me a luz para a doçura que se preparava. Este que no meu íntimo está se fazendo gota de minhas veias, este era o meu vinho.

Para este rezei, para trespassar em nome de Deus meu barro, com o qual se faria. E quando li um verso com pulsos trêmulos para ele, a beleza queimou-me como brasa, a fim de recolher de minha carne seu inextinguível ardor.

El dolor eterno

Palidezco si él sufre dentro de mí; dolorida voy de su presión recóndita, y podría morir a un solo movimiento de este a quien no veo.

Pero no creáis que únicamente estará trenzado con mis entrañas mientras lo guarde. Cuando vaya libre por los caminos, aunque esté lejos, el viento que lo azote me rasgará las carnes y su grito pasará también por mi garganta. ¡Mi llanto y mi sonrisa comenzarán en tu rostro, hijo mío!

Dor eterna

Empalideço se ele sofre dentro de mim; dolorida vou de sua pressão recôndita; e poderia morrer a um só movimento deste a quem não vejo.

Porém não penseis que unicamente esteja enredado às minhas entranhas enquanto o guardo. Quando se for livremente pelos caminhos, embora esteja distante, o vento que o açoite rasgará minhas carnes e seu grito passará também pela minha garganta. Meu pranto e meu sorriso começarão no teu rosto, filho meu!

Imagen de la tierra

No había visto antes la verdadera imagen de la Tierra. La Tierra tiene la actitud de una mujer con un hijo en los brazos (con sus criaturas en los anchos brazos).

Voy conociendo el sentido maternal de las cosas. La montaña que me mira también es madre, y por las tardes la neblina juega como un niño por sus hombros y sus rodillas.

Recuerdo ahora una quebrada del valle. Por su lecho profundo iba cantando una corriente que las breñas hacen todavía invisible. Ya soy como la quebrada; siento cantar en mi hondura este menudo arroyo y le he dado mi carne por breña hasta que suba hacia la luz.

Imagem da terra

Não havia visto antes a verdadeira imagem da terra.
A terra tem a atitude de uma mulher com o filho nos
braços (com suas criaturas nos amplos braços).

Vou conhecendo o sentido maternal das cousas. A
montanha que me olha é também mãe, e, pelas tardes, a
neblina brinca como uma criança por seus ombros e seus
joelhos.

Recordo agora uma vereda do vale. Por seu leito
profundo ia cantando um regato que as brenhas tornam
todavia invisível. Sou como a vereda: sinto cantar em
minhas profundezas este arroio miúdo e dei-lhe por
brenha minha carne até que suba para luz.

LA ORACIÓN DE LA MAESTRA

A César Duayen

¡Señor! Tú que enseñaste, perdona que yo enseñe; que lleve el nombre de maestra, que Tú llevaste por la Tierra.

Dame el amor único de mi escuela; que ni la quemadura de la belleza sea capaz de robarle mi ternura de todos los instantes.

Maestro, hazme perdurable el fervor y pasajero el desencanto. Arranca de mí este impuro deseo de justicia que aún me turba, la protesta que sube de mí cuando me hieren. No me duela la incomprensión ni me entristezca el olvido de las que enseñé.

Dame el ser más madre que las madres, para poder amar y defender como ellas lo que no *es carne de mis carnes*. Alcance a hacer de una de mis niñas mi verso perfecto y a dejarte en ella clavada mi más penetrante melodía, para cuando mis labios no canten más.

Muéstrame posible tu Evangelio en mi tiempo, para que no renuncie a la batalla de cada hora por él.

Pon en mi escuela democrática el resplandor que se cernía sobre tu corro de niños descalzos.

Hazme fuerte, aun en mi desvalimiento de mujer, y de mujer pobre; hazme despreciadora de todo poder que no sea puro, de toda presión que no sea la de tu voluntad ardiente sobre mi vida.

¡Amigo, acompáñame! ¡sosténme! Muchas veces no tendré sino a Ti a mi lado. Cuando mi doctrina sea más cabal y más quemante mi verdad, me quedaré sin los mundanos; pero Tú me oprimirás entonces contra tu corazón, el que supo harto de soledad y desamparo. Yo solo buscaré en tu mirada las aprobaciones.

Dame sencillez y dame profundidad; líbrame de ser complicada o banal en mi lección cotidiana.

Dame el levantar los ojos de mi pecho con heridas, al entrar cada mañana a mi escuela. Que no lleve a mi mesa de trabajo mis pequeños afanes materiales, mis menudos dolores. Aligérame la mano en el castigo y suavízamela más en la caricia. ¡Reprenda con dolor, para saber que he corregido amando!

A ORAÇÃO DA MESTRA

Senhor, tu que ensinaste, perdoa que eu ensine; que leve o nome de Mestra, que pela terra levaste.

Dá-me o amor exclusivo de minha escola; que nem a labareda da beleza seja capaz de roubar-lhe minha ternura de todos os instantes.

Mestre, faze-me duradouro o fervor e passageiro o desencanto. Arranca de mim esse impuro desejo de justiça que ainda me perturba, o protesto que sobe de mim quando me ferem. Não me doa a incompreensão nem me entristeça o olvido dos que ensinei.

Dá-me o ser mais mãe do que as mães, para poder amar e defender como elas o que não é carne de minha carne. Alcance fazer de minhas crianças meu verso perfeito e a deixar nelas gravada minha mais penetrante melodia, para quando meus lábios já não cantarem.

Mostra-me possível teu Evangelho em meu tempo, para que não renuncie à batalha de cada hora por ele.

Põe na minha escola democrática o resplendor que pairava sobre a tua assembleia de meninos descalços.

Faze-me forte, mesmo nesse desvalimento de mulher e de mulher pobre; faze-me desdenhosa de todo poder que não seja puro, de toda pressão que não seja a de tua vontade ardente sobre minha vida.

Amigo, acompanha-me, sustém-me! Muitas vezes, não terei senão a Ti a meu lado. Quando minha doutrina se torne mais perfeita e seja causticante a minha verdade, quedarei abandonada do mundo. Porém Tu me oprimirás então contra o teu coração, o que se fartou de soledade e desamparo.

Somente em teu semblante buscarei aprovação.

Dá-me simplicidade e profundeza; livra-me de ser complicada e banal em minha lição cotidiana.

Que eu levante os olhos de meu peito ferido ao entrar, cada manhã, na minha escola. Que não leve à minha mesa de trabalho meus pequenos afãs materiais, meus sofrimentos insignificantes. Torna-me leve a mão no castigo e suaviza-a ainda mais na carícia. Repreenda com dor, para saber que corrigi amando.

Haz que haga de espíritu mi escuela de ladrillos. Le envuelva la llamarada de mi entusiasmo su atrio pobre, su sala desnuda. Mi corazón le sea más columna y mi buena voluntad más oro que las columnas y el oro de las escuelas ricas.

¡Y, por fin, recuérdame, desde la palidez del lienzo de Velázquez, que enseñar y amar intensamente sobre la Tierra es llegar al último día con el lanzazo de Longinos de costado a costado!

Permite-me transformar em espírito minha escola de argila. Que a chama do meu entusiasmo envolva seu átrio humilde, sua sala desnuda. Meu coração lhe seja coluna mais forte e minha boa vontade ouro mais puro, do que as colunas e o ouro das escolas ricas.

E por fim recorda-me, da palidez da tela de Velázquez, que ensinar e amar intensamente sobre a terra é chegar ao último dia com a lança de Longinos atravessada nos flancos.

Depoimento da tradutora[1]

Henriqueta Lisboa

---

1 In: *Poesias escolhidas de Gabriela Mistral*. Tradução de Henriqueta Lisboa. Rio de Janeiro: Delta, 1969. Tradutora da poeta chilena, Henriqueta foi ainda sua grande amiga, com quem se correspondeu nos anos 1940.

Admirava, desde menina, a poesia de Gabriela Mistral. Impressionavam-me, além dos belos e fortes poemas que haviam consagrado seu nome no cenário das letras hispano-americanas, as notícias em torno de sua nobre estatura moral e do drama que havia sofrido na adolescência.

Guardando-a na imaginação, assim aureolada de glória e sacrifício, longe estava de supor que havia de encontrá-la um dia, criatura real e humana.

Por volta de 1940 tive a ocasião de conhecê-la em pessoa. Foi no Rio, numa sessão da Academia Carioca de Letras em que ela pronunciava uma conferência e recebia braçadas de flores. Quando me permitiu o cerco em que a envolvera a assistência, dela me aproximei. Ao declinar meu nome, verifiquei, com grata surpresa, que este já lhe era familiar. Convidou-me a ir vê-la no Alto da Tijuca onde alugara uma casa. Vivenda espaçosa e agradável, propícia ao aconchego do espírito, circundada de grandes árvores que todavia interceptavam a visão do céu. Lá conversamos vagarosamente, uma tarde, de coisas um tanto vagas. Essa, a feição de Gabriela, esse, o seu clima: certo torpor físico assim como o de quem sai do sono – ou do sonho – e sente que do outro lado estava melhor. Nenhum entusiasmo a empolgava, nenhuma perspectiva lhe transmudava a fisionomia. Eram quase imperceptíveis os seus gestos. Só lhe restavam nos enevoados olhos verdes alguns lampejos de complacência.

Queria que eu lhe contasse coisas minhas; mas os bichos do mato são ariscos. Nem sequer logrei dizer-lhe desde quando e quanto a admirava. O certo é que nos compreendemos por intuição.

De regresso a Belo Horizonte recebi sua primeira carta, datada (por exceção, datada!) de 22 de setembro de 1940. Dizia-me: "*Su poesía me ha creado el interés de su alma y para mi una visita no es nunca cosa de cortesía sino de lenta y dulce aproximación a los que me interesan de modo profundo*"[2].

Era o início de uma grande amizade. Nossa correspondência não foi assídua nem volumosa. Porém as vinte cartas que dela conservo são suficientes para testemunhar a ternura de seu coração.

Tornei a vê-la no Rio tempos depois. Desceu de Petrópolis onde então morava, especialmente para estar comigo. Dessa vez fiquei à vontade. Conversamos longamente, e de assuntos mais precisos. Ela, com preocupações de ordem vária, eu, com meus pequenos problemas de insulamento provinciano. Era vivo o seu interesse por Minas, pelo interior do Brasil.

---

2 As cartas escritas por Gabriela Mistral encontram-se nos arquivos de Henriqueta Lisboa, no Acervo de Escritores Mineiros da UFMG.

Convidei-a para visitar Belo Horizonte. A essa altura, já havia obtido do então prefeito Juscelino Kubitschek e secretário de Educação Cristiano Machado o beneplácito para tal convite. Quando nos despedimos, a escritora me surpreendeu dizendo que aqui pronunciaria (e assim o fez em setembro de 1943) duas conferências: uma sobre o Chile, o que era natural, outra sobre *O menino poeta*, livro meu ainda no prelo. Como poderia eu atinar com o motivo dessa distinção? Percebi-o mais tarde, através de uma carta sua: *"el Continente Sur carece, así, nada menos, carece de literatura infantil. Nosotras dos tenemos en el género, ni abuelos, siquiera, ni padres".*

Estimulava e defendia, dessa forma, um ideal que prezava entre todos, derivado de sua dupla vocação: o magistério e a poesia.

Na capital mineira passou Gabriela Mistral onze dias que foram, para o nosso mundo intelectual, artístico e pedagógico, uma constante festa espiritual. Rodeada de poetas e professores solícitos em prestar--lhe homenagem, afetuosamente assistida pelos cônsules do Uruguai e da Argentina com suas senhoras, conheceu ela a vida simples dos mineiros, participou do nosso remanso familiar, acomodou-se à mesa de nossas casas, visitou as obras de arte da Pampulha novinhas em folha, emocionou-se com toda aquela estranha beleza, foi uma noite ao cassino e recusou-se a entrar na sala de jogos – sempre cordial, sempre um bocado lenta.

Exibia-se nessa ocasião, exatamente no cassino, um jerico adivinho (aventureiro sem culpa) que respondia à curiosidade de consulentes, com determinado número de patadas no assoalho. De bom humor, revelou Gabriela Mistral a seus acompanhantes a pergunta que intimamente fizera: "Daqui a quantos anos cairá Hitler?" (A história capitulou mais depressa do que supunha o orelhudo...)

Advertida angustiosamente pela secretária, certa noite, de que se esgotava a hora de comparecer à Rádio Inconfidência com a qual se comprometera, deu de ombros: "Tu te afliges, Connie, pelas mínimas coisas. Por que não te afliges – por exemplo – com a ideia de inferno, muito mais grave?"

Era assim: diferente de todas as pessoas, nave sem amarras, pássaro tonto, levitante objeto perdido no tempo, alheia a instrumentos fatais como a ampulheta, movendo-se por si mesma sem apoio no eixo da terra... Apoiava-se, e muito, nas criaturas, necessitada de especial dedicação.

Fazia do dinheiro um tabu. Não o tocava de forma alguma.

Entretanto alguém tinha de tocá-lo por ela. Seria tal atitude equitativa e justa? O caso é que ninguém lhe exigia virtudes encontradiças em áreas medianas. E uma excentricidade assim – talvez sinal de rebeldia contra a má distribuição de fortuna – tinha o seu prisma de nobreza. Provinha desse ar distante, e contudo modesto, uma irradiante simpatia que a todo o círculo mineiro encantara.

Desde o momento de sua chegada, à estação Central (não viajava de avião a pedido de sua irmã Emelina), Gabriela desceu do carro com vagar, abraçou-me e, antes que eu tivesse tempo de iniciar as apresentações de praxe, apontou para Heli Menegale: "¿Quién es ese italiano?"

Sua naturalidade era extrema. Junto de crianças, mergulhava em seu próprio reino. Iluminava-se de largo sorriso o seu rosto já fatigado, tez de campesina após muitas colheitas e intempéries. Expandia-se em saborosas metáforas: "¡Niños de ojos que se comen la cara!"

Recordava acontecimentos do tempo em que era professora primária, referia-se à fama que tinha de mimar os pequeninos, de animá-los à travessura, de deixá-los às guloseimas até adoecerem.

"Pero todo por amor."

Sim, por amor: sua pedagogia e seu estilo de vida. A infância seria perfeita se não fosse tão breve, comentava, sem se lembrar que a dos poetas perpetua-se na candura de certos poemas, como os que ela consagrara à idade da candura.

Convidada pelo escritor Aires da Mata Machado Filho para ir ao alto do Cruzeiro, de onde se descortina maravilhosa visão da cidade em toda plenitude, severamente relutou contra o desperdício de gasolina àquele tempo racionada. E foi preciso um coro de vozes teimosas para persuadi-la de que era demasiado o seu escrúpulo.

Conversamos também de literatura naqueles breves dias. Ela me recomendava Claudel, eu lhe falava de Valéry. Suas impressões sobre este: "Me gusta mucho el ensaísta, pero menos el poeta".

Verificamos que amávamos, ambas, a parolagem dos filósofos, ela com dileção especial por Plotino.

Mas o interesse maior que então demonstrava era pela vida dos animais, principalmente das aves. Talvez quisesse aprender com os pássaros o segredo do voo natural, como havia aprendido o uso das cores contrastantes, verde e negro, azul e escarlate.

Seus poemas haviam sido escassos nos últimos anos. Contou--nos, ela mesma, que a diligente secretária se impressionara com essa reserva. Quando a via sentada numa poltrona, olhos semicerrados, naquele repouso tão grato aos contemplativos, punha-lhe na mão papel e lápis, numa exigente admoestação: "Vamos, Gabriela, escreva algum poema! Será que a fonte já secou?"

Quem saberia dizer como e por que se afugentam os anjos da inspiração ou outros anjos de que não sabemos sequer o nome? Pensava comigo. E agora pergunto: por onde vagarão esses anjos depois de nossa morte? Serão com exclusividade nossos, fenecerão conosco, voltarão a buscar novos pousos, abrirão as asas – às vezes violentamente tatalantes – sobre a fonte de outras criaturas indefesas?...

A poetisa despediu-se de Belo Horizonte prometendo voltar, fazendo votos para ser removida para cá no seu ofício de cônsul, escrevendo, logo depois da partida, que havia sido plenamente feliz no decurso daqueles dias. Daí por diante, trocamos livros e listas bibliográficas durante algum tempo.

A literatura, contudo, não era a sua primordial preocupação. E, sim, a necessidade de paz e compreensão entre os homens, o anelo de servir, para justificar sua existência – o que tão bem soube fazer através das palavras. Ai dos poetas, legionários da beleza e da arte, se não encontrassem no próprio sangue o meio de auxiliar os homens de ação, na sua faina de salvar da terra o que ainda resta por salvar.

Ela sofria sinceramente por causa da guerra, de toda guerra, passada, presente ou futura. Mas tinha aspectos mais sombrios aquela de que falava em carta:

> *Lo que ocurre en el mundo es cosa tal que no es posible vivir en soledad sin caer en una mala muerte o en la huída budista de esta realidad, no solo espantosa sino vergonzosa, a que estamos asistiendo...*

> *Y en frente de semejante raza, hay unas democracias ganadas por el materialismo que trajo la ciencia, por la nonchalance que trajo a Inglaterra y a Francia la riqueza exprimida en las colonias y ganada por no sé qué espesura de la mente que debe darles el bienestar gozado 20 años. Pero Dios comienza a mostrar su mano, amiga mía, en ese pueblo gracias a Dios primitivo y lleno de decoro, del que nada sabíamos. Los griegos parecen un puro milagro y una no puede leer lo que hacen, sin llorar.*

Entre os nossos contemporâneos mais próximos, sua grandeza de alma só tem paralelo, a meu ver, com a de Mário de Andrade. Estimavam-se mutuamente, é óbvio. A página que sobre ela escreveu o poeta brasileiro e que hoje figura no livro O *empalhador de passarinho* é excepcional pelo toque lírico assim como pela exata interpretação de uma personalidade nada fácil de se apreender:

> *Desprovida já dos encantos mais visíveis de moça, que profundeza, que complexidade havia no seu encanto de então [1937]. Inteligência magnificamente cultivada, espírito clássico a quem foi possível construir versos assim, em que a sensibilidade veste a ideia de reflexos metálicos, ao mesmo tempo rijos e fluidos, jamais a mulher se ausentava de Gabriela Mistral, em qualquer dado agressivo de cultura aprendida. Ela me dava a impressão de uma força das antigas civilizações*

asiáticas ou americanas, que já tivesse abandonado os nossos terrenos áridos da
cultura, pelos da sabedoria. Mas investida sempre de uma graça delicada, que sabia
disfarçar o seu prazer nos ares cômodos da irmã. [...] Ampla e alimentar como o
milho que ela cantou nos versos talvez mais clássicos da nossa atualidade americana.

Também ela soubera compreender, não somente o valor literário desse mestre de duas gerações, mas ainda o incomparável lastro de humanidade que lhe era peculiar, a influência que exercia, por isso mesmo, em nossos corações. Quando ele inesperadamente morreu, em fevereiro de [19]45, ela me endereçou essas palavras:

Cada vez que leo uno de los incontables artículos sobre nuestro Mário de
Andrade, cada vez la recuerdo y le mando un pensamiento de simpatía y ayuda
en pena tan grande. Yo sé que usted, escogedora cuidadosa de sus amigos, tenía en
él el más preciado para acompañarse en la tremenda soledad del mundo. [...] Él
está ahora en otra parte y ha sabido y aceptado y sus medios y sus benes son ahora
mucho más anchos que los que tuvo.

Gabriela Mistral, nessa época, residia entre doces hortênsias, em Petrópolis. O duplo suicídio de Stefan Zweig e da sua esposa, com os quais mantinha laços de amizade, estremeceu e assombrou todo o ambiente. Tragédia mais desesperadora ia, em pouco, bater-lhe à porta. Ocorreu numa noite de Natal – se não me engano em [19]44 – o dramático desaparecimento de seu sobrinho Juan Miguel, criado em seu lar desde tenros anos e apenas entrado na adolescência. Teria sido acidental essa morte? O acontecimento ficou envolto em mistério, embora os jornais se referissem a suicídio. Era um menino vivo e amável. Em carta que me escreveu, algum tempo depois, dizia Gabriela: *"Mi salud no es buena y sigo enflaqueciendo. No cada día, sino cada hora, pienso en Jin [Juan Miguel]. Ahora sé, a Dios gracias, la causa precisa de su muerte. ¿Pero cuándo hablaremos de eso, mi Henriqueta?"*
De outra vez: *"Tengo para usted, en mi apartamiento de Rio, la copia de una carta extensa sobre la tragedia de esta casa, sobre mi Jin".*
Em vão aguardei essas graves confidências. Lutando, também eu, com saúde precária, não tive ânimo para ir vê-la em transe tão doloroso.
Noutra missiva, conhecedora das dificuldades para se editarem as primeiras traduções que eu havia feito de seus poemas, comentava:

Me doliera solo que se perdiese su trabajo precioso, el de usted. En 6 años de
Brasil – de dictadura – no vi nunca un libro mío en el comercio. Yo fui, para
ciertos círculos, los oficiales, una comunista tremenda. Para otros fui una espía
inglesa. Sufrí la intervención de mi correspondencia y varias serias cosas más. [...]
Cuando se ha perdido lo más amado importan poco las cosas literario-

-comerciales, amiga mía querida. Yo nunca fui persona grata en Brasil.
Minas fué para mí otro mundo y lo recuerdo bien.

Não sei até que ponto o seu íntimo pessimismo lhe carregava de nuvens o ambiente. Porém, quando lhe coube o prêmio Nobel, nossa admirada e querida amiga comum, Cecília Meireles, expandiu-se comigo em carta de 6 de fevereiro de [19]46, nesses termos:

> *Ando desgostosa com certa malevolência com que a imprensa tem procurado nublar a alegria de Gabriela com o prêmio Nobel. Espanta-me que os homens insistam em cultivar seus poderes de ódio, quando os do amor são tão mais fecundos e deliciosos! Oxalá Gabriela não se demore aqui, – para não sofrer coisas mesquinhas. Por muito que eu a estime e deseje perto, oxalá parta logo para a América, onde talvez a compreendam melhor, onde a aceitem com o seu prêmio, sem restrições – porque já muitos americanos o receberam também.[3]*

O êxito universal, de fato, arrebatou-a do nosso meio. Da Suécia passou para os Estados Unidos, onde alguns anos mais tarde falecia.

De um artigo[4] que sobre ela escrevi há tempos, desejo aqui transcrever as frases finais – que pelo menos no meu espírito ainda vivem:

> *Notou Mariano Latorre, num achado feliz, dois símbolos, representativos entre os mais, na poesia de Gabriela: a pedra e a fruta. Com efeito: poesia de peso e densidade, tem as mesmas características de resistência e duração da pedra. O que a abranda e amolda a um sabor mais atraente é o abandono com que se acolhe à sombra da árvore da vida, colhendo da árvore da vida, não a fruta mais doce mas a que lhe tocou – amarga.*
>
> *De uma vaga intuição dos reinos da natureza – mineral e vegetal – provém, talvez, a profundidade de alicerce dessa poesia, a cálida essência que dela se escoa, assim feita de mistério abaixo do solo e abundância de vida natural.*
>
> *A artista não pede ajuda às nuvens nem ao vento; marca sua arte dos próprios passos, modela-a como elemento plástico, aproxima-a da escultura e da pintura, imprime-lhe o ritmo de danças religiosas e primitivas, de melodia escassa.*
>
> *Através de imagens concretas, por vezes impiedosamente cruas, com a mesma elevação de vistas com que o escultor transforma a argila na estátua de um santo, ela atinge as delicadezas do espírito.*

---

3 As cartas escritas por Cecília Meireles encontram-se também nos arquivos de Henriqueta Lisboa, no Acervo de Escritores Mineiros da UFMG.

4 Trata-se do artigo "Gabriela Mistral", inserido em *Convívio poético* (Belo Horizonte: Imprensa Oficial, 1955).

Entre o poeta e seu Deus, nesse jogo de imagens, há uma intimidade de família, uma tertúlia de horta e pomar.

A poesia de Gabriela sustenta, pois, as duas qualidades exigidas por Schiller para a obra de arte: energia e ternura.

Em virtude de seu próprio caráter, tecido de estranha mistura de impenetrabilidade (a pedra) e generosidade (a fruta), ela se adapta a qualquer ambiente, guardando-se tal como sempre foi. Está à vontade em qualquer país, ouve e fala outras línguas, compreensiva sempre, sem cuidar se a compreendem.

Da mesma natureza chilena, indômita no abrupto da cordilheira e amorosa na fecundidade dos vales, lhe veio esse temperamento, com uma sedimentação de fatalidade histórica.

Sua poesia representa o Chile na América ou, melhor, representa a América no mundo, a América Latina, resistente e acolhedora, como a pedra e a fruta.

OBSERVAÇÕES

Para rematar esse trabalho de tradução, baseei-me principalmente no livro *Poesías completas de Gabriela Mistral*, Editora Aguilar, Madrid, 1958, volume que contém as seguintes obras da poetisa chilena: *Desolación, Ternura, Tala, Lagar* e *Otras poesías*. Essa última coletânea seria inédita; as outras foram distribuídas em agrupamentos renovados.

Como já havia traduzido, há tempos, vários poemas da autora, cotejei os textos recentes com os anteriores de:

Desolación, Biblioteca "Las grandes obras", Buenos Aires, s/d;

Antología, Editora Zig-Zag, Santiago de Chile, 1941;

Ternura, Espasa-Calpe Argentina, Buenos Aires, 1945;

Tala, Editorial Losada, Buenos Aires, 1946.

São facilmente reconhecíveis alguns erros de impressão repetidos de uma para outra edição. Até que alguns foram emendados a tempo, enquanto outros surgiram imprevistamente. Por exemplo, no "Noturno da consumação", 4ª estrofe, 4° verso, *"pez sombrío que afrenta la sed"*, a última palavra deveria ser, evidentemente, *"red"*, hipótese confirmada pelo texto mais antigo.

Além de procurar esclarecer certas dúvidas (algumas foram esclarecidas pela própria Gabriela, outras persistirão), tentei ajustar à nossa língua, intuitivamente, expressões estranhas à sua natureza. Procurei conservar o ritmo peculiar a cada composição, transpondo apenas alguns versos de 9 para 8 sílabas, por ser o nosso octossílabo mais discretamente melódico, isto sem perda de força, elemento característico da autora.

Tendo selecionado suas mais expressivas páginas, dividi o volume em quatro partes, a fim de obter sentido harmonioso para o conjunto: "Canções", "Poemas de amor", "Poemas diversos" e "Poemas em prosa".

Acham-se, pois, reunidos ou separados acidentalmente, poemas e livros de épocas diversas, segundo a tonalidade lírica, dramática, ou místico-filosófica dessa poesia multiforme.

Índice de poemas

Achado/ *Hallazgo*, 15
Adeus/ *Adiós*, 91
Adormecida/ *Dormida*, 37
Água/ *Agua*, 131
Amor Mestre/ *Amo Amor*, 83
Bailarina, A/ *La Bailarina*, 177
Balada/ *Balada*, 85
Balada da Estrela/ *Balada de la Estrella*, 87
Beber/ *Beber*, 153
Canção Amarga/ *Canción Amarga*, 29
Canção da Morte/ *Canción de la Muerte*, 73
Canção das Meninas Mortas/ *Canción de las Muchachas Muertas*, 71
Canto do Justo/ *Canto del Justo*, 113
Carro do Céu/ *Carro del Cielo*, 57
Casa, A/ *La Casa*, 137
Cavalgada, A/ *La Cabalgata*, 171
Ceras Eternas/ *Ceras Eternas*, 97
Cimo/ *Cima*, 89
Confissão/ *Confesión*, 181
Contanto que Durmas/ *Con tal que Duermas*, 31
Cordeirinho/ *Corderito*, 25
Desmembrada/ *Deshecha*, 117
Doçura, A/ *La Dulzura*, 203
Dois Anjos/ *Dos Ángeles*, 139
Dor Eterna/ *El Dolor Eterno*, 209
Embalando/ *Meciendo*, 17
Encontro, O/ *El Encuentro*, 79
Estábulo, O/ *El Establo*, 53
Estrangeira, A/ *La Extranjera*, 141
Eu não Sinto a Solidão/ *Yo no Tengo Soledad*, 27
Fuga, A/ *La Fuga*, 187
Hino à Árvore/ *Himno al Árbol*, 143
Imagem da Terra/ *Imagen de la Tierra*, 211
Junto de Mim/ *Apegado a Mí*, 21
Lápide Filial/ *Lápida Filial*, 185

Lenhador/ Leñador, 123
Margarida, A/ La Margarita, 47
Medo/ Miedo, 43
Meia-Noite, A/ La Medianoche, 147
Memória Divina, A/ La Memoria Divina, 121
Menino Mexicano/ Niño Mexicano, 49
Meninozinho/ Niño Chiquito, 33
Minha Canção/ Mi Canción, 75
Montanha de Noite, A/ La Montaña de Noche, 125
Morte Menina, A/ La Muerte-Niña, 149
Noite, A/ La Noche, 23
Noturno da Consumação/ Nocturno de la Consumación, 195
Noturno dos Velhos Tecedores/ Nocturno de los Tejedores Viejos, 191
Oração da Mestra, A/ La Oración de la Maestra, 213
Orvalho/ Rocío, 19
País da Ausência/ País de la Ausencia, 157
Pão/ Pan, 133
Pensador de Rodin, O/ El Pensador de Rodin, 111
Pezinhos/ Piececitos, 45
Poema da Mãe mais Triste/ Poema de La Madre Más Triste, 201
Poemas das Mães/ Poemas de las Madres, 203
Poeta/ Poeta, 161
Portas/ Puertas, 165
Por Ele/ Por Él, 205
Que não Cresça/ Que no Crezca, 39
Riqueza/ Riqueza, 129
Ronda da Paz/ Ronda de la Paz, 59
Ronda das Cores/ Ronda de los Colores, 61
Sabedoria/ Sabiduría, 207
Segundo Soneto da Morte/ Los Sonetos de la Muerte – 2, 103
Serenidade/ Serenidad, 99
Súplica, A/ El Ruego, 105
Todas Íamos ser Rainhas/ Todas Íbamos a ser Reinas, 65
Tornar a Vê-lo/ Volverlo a Ver, 95

Henriqueta Lisboa (1901-1984)

Henriqueta Lisboa nasceu em Lambari, sul de Minas Gerais, em 1901, filha de Maria Rita Vilhena Lisboa e do conselheiro João de Almeida Lisboa. Diplomou-se normalista pelo Colégio Sion, da cidade de Campanha, ainda em Minas. Mudou-se com a família para o Rio de Janeiro em 1926, onde o pai foi eleito deputado federal. Em 1935 mudou-se para Belo Horizonte, onde exerceu várias atividades profissionais, como inspetora federal de ensino secundário, professora de literatura hispano-americana e de literatura brasileira da Pontifícia Universidade Católica e professora de história da literatura da Escola de Biblioteconomia da Universidade Federal de Minas Gerais. Foi membro do Instituto Histórico e Geográfico de Minas Gerais. Notabilizou-se como poeta, tradutora e ensaísta. Em 1963 foi a primeira mulher a ser eleita para a Academia Mineira de Letras. Recebeu vários títulos honoríficos e prêmios, entre os quais o prêmio Machado de Assis, da Academia Brasileira de Letras, em 1984, pelo conjunto da obra.
Henriqueta faleceu em Belo Horizonte no dia 9 de outubro de 1985.

Sobre a obra

Henriqueta Lisboa começou a dedicar-se à literatura desde jovem. Considerada um dos grandes nomes da lírica modernista pela crítica especializada, manteve-se sempre atuante no diálogo com os escritores e intelectuais de sua geração e angariou muitos leitores ilustres durante sua vida, entre os quais Mário de Andrade, Carlos Drummond de Andrade, Manuel Bandeira, Cecília Meireles e Gabriela Mistral.

Produziu vasta obra poética durante quase seis décadas, consolidada em livros como *Enternecimento* (1929), *O menino poeta* (1943), *A face lívida* (1945), *Flor da morte* (1949), e *Pousada do ser* (1982), dentre muitos outros. Realizou traduções de grandes poetas, como Dante Alighieri, Ungaretti e Gabriela Mistral, e produziu diversos ensaios, todos reunidos nos três volumes de *Henriqueta Lisboa: Obra completa* (Peirópolis, 2020). A rica correspondência que manteve com autores de sua geração, como Mário de Andrade, Carlos Drummond de Andrade e Cecília Meireles e todos os seus manuscritos e documentos estão reunidos no Acervo de Escritores Mineiros da Universidade Federal de Minas Gerais. Diversos estudos sobre a obra de Henriqueta Lisboa têm sido divulgados em livros, teses, revistas e suplementos literários de jornais.

Sobre sua poesia, Drummond nos deixou o seguinte testemunho: "Não haverá, em nosso acervo poético, instantes mais altos do que os atingidos por este tímido e esquivo poeta".

Gabriela Mistral (1889-1957)

Nasceu em 1889, no Chile, com o nome de Lucila de María del Perpetuo Socorro Godoy Alcayaga, e morreu em 1957, nos Estados Unidos. Em 1914, após ganhar um concurso de literatura, "Jogos Florais", em Santiago, passou a utilizar o pseudônimo literário de "Gabriela Mistral", formado com os nomes de seus dois poetas favoritos: Gabriele d'Annunzio e Frédéric Mistral. Filha e irmã de professores primários, Gabriela fez carreira no magistério em seu país, como professora rural e diretora de escolas do ensino secundário em várias regiões. Como pensadora e militante, tinha especial interesse pela educação pública e pelas questões sociais e indígenas às quais se dedicou ocupando cargos de governo nessa área. Em virtude disso, em 1922, foi contratada pelo governo do México para assentar as bases do sistema educacional desse país. A partir dos anos 1930, passou a representar o Chile em várias cidades da Europa e da América do Sul, desenvolvendo carreira consular. Como escritora, começou pela prosa, com colaborações em jornais locais, mas se encontrou na poesia, escrevendo uma obra de grande valor literário, traduzida para diversas línguas, e influenciou escritores do porte de Pablo Neruda e Octavio Paz. Foi o primeiro escritor latino-americano a ganhar o prêmio Nobel de literatura, em 1945, quando estava morando no Brasil como representante do governo chileno no Rio de Janeiro. Sua premiação foi motivo de regozijo pelas amigas Henriqueta Lisboa e Cecília Meireles. Juntamente com elas, Gabriela tinha em Mário de Andrade um amigo comum, que nela admirava sobretudo o espírito clássico e a inteligência cultivada. Sua trajetória intelectual e obra lhe valeram outros prêmios, como o Serra de las Américas (1950) e o Nacional de Literatura do Chile (1951), além de títulos de "Doctor Honoris Causa" concedidos por várias universidades.

Sobre a obra

A obra de Gabriela Mistral desdobra-se para além da poesia em outros campos da prosa: conto, autobiografia, diário, correspondência, escritos políticos e sobre o magistério, colaborações em jornais. A prosa de Gabriela tornou-se conhecida em publicações sobretudo póstumas, resgatadas em arquivos vários, e sua poesia encontra-se consolidada nos seguintes livros: *Desolación* (1922), *Ternura. Canciones de niños* (1923), *Nubes blancas (poesías) y La oración de la maestra* (1930), *Tala* (1938), *Antología,* com seleção da autora (1941), *Los sonetos de la muerte y otros poemas elegíacos* (1952) e *Lagar* (1954). As antologias de sua poesia refletem a diversidade e a profundidade dos recortes e tematizações do mundo e da vida e as traduções de sua obra poética para diversas línguas dão-lhe maior visibilidade. Em língua francesa, a tradução de sua poesia foi saudada e seu valor reconhecido em prefácio de Paul Valéry, que nela anotou a presença viva da "substância das coisas". Em língua portuguesa, há traduções esparsas da poesia da poeta chilena, como de Manuel Bandeira, mas é Henriqueta Lisboa quem traduziu as páginas mais expressivas de Gabriela Mistral.

Este livro foi impresso na Lis Gráfica
no verão de 2022.